Barbara Mettler-v.Meibom

Wege zum Frieden mit der inneren und äußeren Natur

WERTSCHÄTZUNG

Barbara Mettler-v. Meibom

Wege zum Frieden mit der inneren und äußeren Natur

Mit einem Vorwort von
Ingrid Riedel

WERTSCHÄTZUNG

Kösel

© 2006 by Kösel-Verlag GmbH & Co., München
Printed in Germany. Alle Rechte vorbehalten
Druck und Bindung: Kösel, Krugzell
Illustration auf Seite 141: Monica May, München
Umschlag: Elisabeth Petersen, München
Umschlagmotiv: Brenda Chrystie / Corbis
ISBN 3-466-30710-4

*Gedruckt auf umweltfreundlich hergestelltem Werkdruckpapier
(säurefrei und chlorfrei gebleicht)*

Gewidmet dem EINEN,
neben dem es
kein Zweites gibt

Inhalt

Vorwort von Ingrid Riedel 11

Einleitung 15

Wertschätzung begründen:
Warum ist Wertschätzung heute wichtig? 27

Wertschätzung – eine Antwort auf die Qualität der Zeit 27
    Globalisierung und die Begegnung der Kulturen 29
    Veränderungsdruck und Lernen 30
    Zeitstress 33
    Ressourcen und Grundlagen des Lebens 36

Wertschätzung und Wertschöpfung – ein Widerspruch? ... 39
    Ein erweitertes Verständnis von Wertschöpfung 40
    Kennzeichen erfolgreicher immaterieller Wertschöpfung
    in Unternehmen und Organisationen 45
    Ein Modell der balancierten Unternehmensentwicklung .. 47
    Die zentrale Rolle der wertschätzenden Kommunikation . 50

Wertschätzung der natürlichen Mitwelt 54
    Wiederaufbau oder Umkehr 54
    Eine Lehre für den Westen 60
    Fragen auf dem Weg: Wo stehe ich heute? 65

Wertschätzung erfahren und lernen:
Wie Wertschätzung entsteht 67

Wertschätzung – ein Grundbedürfnis des Menschen 67
   »Werde, was du bist« 67
   Menschliche Grundbedürfnisse 69
   Die Macht des Unbewussten 70

Wie sich eine Haltung der Wertschätzung entwickelt 74
   Die Konfrontation mit dem Unbewussten: Das Ei-Modell
   des Bewusstseins 79
   Wertschätzung lernen – individuell 84
   Wertschätzung lernen – kollektiv 91

Vom Ich zum Du zum Wir 96
   Grundlagen der Einheit 98
   Was ist die Essenz? 100

Einheit auch mit der natürlichen Mitwelt 101

Fragen und Übungen:
Wo erfahre und lebe ich Wertschätzung? 106

Wertschätzung ausdrücken:
Wie Wertschätzung lebendig wird 109

Wertschätzende Begegnung mit mir selbst 111
   Das Horchen nach innen 111
   Life-Management 118
   Stützen für den Dialog nach innen 124

Wertschätzende Begegnung mit anderen 128
   Die Zunge beherrschen. 129
   Die Macht der Gedanken. 132
   Zuhören als Wertschätzung. 137
   Mich dem anderen zumuten als Wertschätzung. 139
   Wertschätzung durch Worte äußern 142
   Stützen für die wertschätzende Begegnung mit anderen. 145

Wertschätzende Begegnung mit der natürlichen Mitwelt ... 148
   Die Natur ehren 148
   Der Körper des Menschen und der Körper der Natur. ... 150
   Ein Lebensstil, der Pflanzen, Tiere und die natürlichen Ressourcen wertschätzt 154
   Produktion, Konsum und Vermarktung neu ausrichten .. 163
   Ressourcen- und umweltschonend produzieren und vermarkten 167
   Machen und Bewahren in ein Gleichgewicht bringen. ... 170
   Stützen für eine wertschätzende Haltung gegenüber der natürlichen Mitwelt. 171

Wertschätzung fördern:
Verfahren, Techniken, Rituale 173

Verfahren für die Arbeit mit sich selbst: Entlernen und neues Lernen. 178
   Die Macht von Glaubenssätzen und mentalen Modellen. 178
   The Work (Byron Katie). 179
   Weitere Verfahren 183

Verfahren für die Arbeit mit anderen: Dialogorientierte
Verfahren und Wertschätzende Befragung 184
    Dialog und dialogische Verfahren 184
    Der offene Dialog. 186
    Die Zukunftskonferenz. 187
    Wisdom Circle 188
    Appreciative Inquiry. 191
    Perspektivenwerkstatt (Community Planning) 192
    Gemeinsam nach Visionen und Lösungen suchen 194

Rituale als Stützen für das Unbewusste. 195
    Rituale der Wertschätzung mir selbst gegenüber. 198
    Rituale der Wertschätzung von anderen. 200
    Rituale der Wertschätzung der Natur 206

Ausblick:
Mut und Selbst-Vertrauen
Die Siebenmeilenstiefel auf dem Weg zu einer Kultur der Wertschätzung 211

Glossar 219

Anmerkungen. 226

Literatur. 231

Vorwort
von Ingrid Riedel

Einander schätzen zu lernen, dazu lädt dieses Buch ein. Mehr: es macht Mut dazu, Lust. Und das in einer Zeit, in der so viel Abschätzigkeit, so viel gegenseitige Entwertung um sich greifen, kurz so viel Menschenverachtung, wie eben in der unseren. Wie kann ein Buch dagegen ankommen?

Nun, Barbara Mettler-v.Meibom geht davon aus, dass jeder Mensch es schlechthin braucht, gesehen und geschätzt zu werden. Dass Wertschätzung also eine enorme Anziehungskraft, eine große Attraktivität auf die Menschen haben müsse, auch wenn sie sie oft einander schuldig bleiben. Schließt es uns nicht auf wie mit einem goldenen Schlüssel, wenn wir selber erspüren können, dass ein anderer Mensch uns schätzt, hochschätzt, ja wertschätzt, dass er uns in unserem Wert erfasst und würdigt? Bedeutet dies nicht Achtung und ist schon nahe bei der Liebe, die wir ausdrücken, wenn wir einen Menschen »Schatz« nennen?

Wertschätzung ist in der Tat ein goldener Schlüssel zum Menschen, eine »Kraft des Herzens«, die das Herz des anderen öffnet, der oder die es erfährt, die uns aber auch lehren und erlauben kann, uns selbst zu schätzen.

In diesem Buch werden wir in die lebendige Erfahrung hineingenommen, wie es sich anfühlt, geschätzt zu werden und selbst jemanden oder etwas wertzuschätzen, wie es unser

Selbstgefühl, unser Wir-Gefühl, ja unser ganzes Lebensgefühl zu verändern, zu erwärmen und neu zu erfüllen vermag.

Barbara Mettler-v.Meibom vermittelt uns dabei nicht nur die Gefühlswerte, die durch Wertschätzung angesprochen werden. In ihrer Kompetenz als Politik- und Kommunikationswissenschaftlerin einerseits und als Psychosynthesetherapeutin und Coach andererseits kann sie auch die methodischen Wege weisen und die einzelnen Schritte zeigen, die es uns möglich machen, die Fähigkeit, ja die Kunst des Wertschätzens zu entwickeln – gegenüber uns selbst, den Mitmenschen, den Mitgeschöpfen und der ganzen Mitwelt gegenüber. Erschüttert von der Wucht der Naturkatastrophen der letzten Zeit, die sie als ein »Zurückschlagen« der Natur versteht, ruft sie zu einem neuen Respekt, ja einer Ehrfurcht vor der Natur auf, wozu auch in erster Linie ein wertschätzender Umgang mit der Natur, die wir selber sind, mit unserer Körperlichkeit nämlich, verbunden sein sollte, in unserem Umgang zum Beispiel mit Nahrung, Bewegung, Entspannung und Zeit.

Weit entfernt davon, dies nur als eine Empfehlung zu Wellness zu verstehen, dringt Barbara Mettler-v.Meibom – geschult und erfahren in westlicher Psychosynthese einerseits und indischen Weisheitslehren andererseits – hier zu den spirituellen Quellen vor, aus denen sich Wert und Wertschätzung letztlich speisen: der Begegnung mit einer göttlichen Wirklichkeit, an der wir teilhaben und in der wir uns als bejaht und geliebt erfahren. Was sie durch indische Lehrer authentisch vermittelt bekam, unterscheidet sich, wie wir sehen, hierin kaum von dem, was auch Meister Eckart erkannte und lehrte.

Eine besondere Stärke des Buches sehe ich darin, dass es die Kultur der Wertschätzung nicht nur im Blick auf die Zwischenmenschlichkeit im persönlichen privaten Bereich bedenkt, sondern gerade auch im Blick auf die Wirtschaftswelt, wobei die Autorin von der Frage ausgeht, ob Wertschätzung und Wertschöpfung auf einer neuen Ebene zusammenhängen könnten. Wertschöpfung ist ja zunächst ein Begriff aus der Betriebswirtschaft und bezieht sich auf materielle Werte. Barbara Mettler-v.Meibom setzt dagegen, dass durch Wertschätzung auch eine immaterielle Wertschöpfung entstehen kann, die eben mit dem Klima der Wertschätzung innerhalb der Belegschaft bzw. zwischen Leitung und Belegschaft zusammenhängt, die nicht ohne Einfluss auf die materielle Wertschöpfung bleibt.

Ein Plädoyer für die Wertschätzung ist dieses Buch, dessen Anziehungskraft darin besteht, dass es uns das Bild einer Welt überzeugend vor Augen stellt, die durch die gegenseitige Wertschätzung zwischen den Menschen und ihrer lebendigen Mitwelt auf allen Ebenen verwandelt würde, in eine Welt voll Wert und freundlicher Nachbarschaft, in der es sich zu leben lohnt.

Einleitung

Dieses Buch ist zu einem sehr spezifischen Zeitpunkt entstanden. Große Teile habe ich in den Monaten geschrieben, die dem verheerenden Tsunami vom 26. Dezember 2004 voraus- und nachgingen. Und einiges davon in Sri Lanka, einem der am meisten vom Tsunami betroffenen Länder. Dies blieb nicht ohne Folgen. Jahrelang hatte ich mich wissenschaftlich und praktisch mit Fragen der Kommunikation und der Ökologie beschäftigt. Doch ich hatte geplant, ein Buch zu schreiben, das sich ausschließlich auf den kommunikativen Aspekt von Wertschätzung konzentrieren sollte. Ich wollte die Erfahrungen aus vielen Seminaren, Vorträgen und Einzelgesprächen mit Klienten und Klientinnen aus der Wirtschaft und dem Bereich des Sozialen weitergeben. Mein Ziel war es herauszuarbeiten, dass Wertschätzung uns selbst und unseren Mitmenschen gegenüber eine heilende Kraft besitzt, die wir heute mehr denn je benötigen.

Die Flutkatastrophe vom Dezember 2004 brachte mir jedoch drastisch in Erinnerung, dass es nicht allein um die Kommunikation mit uns selbst und mit unserer sozialen Mitwelt geht. Die Kommunikation mit der natürlichen Mitwelt fordert die gleiche Aufmerksamkeit. Auch ihr gegenüber geht es um eine Haltung der Wertschätzung, die wir bislang – trotz mancher Bemühungen – vernachlässigen. Ich sah mich daher gezwungen, den ökologischen Aspekt meines Themas mit einzubinden.

So entstand nicht nur *ein* Buch, sondern noch ein *zweites*. Das erste halten Sie in Händen, es trägt den Titel *Wertschät-*

zung. Eine Kultur der Begegnung. Das zweite, das im Herbst 2006 folgen wird, trägt den Titel *Wertschätzung in der Praxis.* Beide Bücher spiegeln den Wechsel meiner Perspektive wider. In beiden geht es um die Erkenntnis, dass sich Wertschätzung nicht einfach beschränken lässt. Wertschätzung ist letztlich eine Kraft des Herzens, die den Frieden mit der inneren und äußeren Natur stärkt. Frieden mit unserer inneren Natur heißt, zu akzeptieren, dass wir Bürger zweier Welten sind, der geistigen und der materiellen.[1] Als Geist haben wir uns verkörpert und entwickeln ein Bewusstsein unserer selbst, woher wir kommen, wer wir sind und wohin wir gehen. Als Körper stehen wir im Leben, erproben uns, machen Erfahrungen, gehen durch Freud und Leid, schaffen uns Organisationen und Institutionen. Wir sind Materie und wir schaffen uns Materie.

Frieden mit der inneren Natur schließen heißt, sich darauf zu besinnen, dass ein erfülltes Leben nicht durch materiellen Reichtum, Ausbeutung der Natur und Anhäufung von Besitz möglich wird. Frieden mit der inneren Natur schließen heißt, Ja zu sagen zu meiner geistigen Existenz: Ich weiß um die Endlichkeit meines Körpers und darum, dass ich mich vor dem zu verantworten habe, was mich geschaffen hat. Frieden mit der inneren Natur schließen heißt auch, sich der inneren Weisheit und Führung unterzuordnen, dem ›Gott in mir‹, und aus dieser Kraft Orientierung zu finden. Eine Wertschätzung dessen, wer ich bin, macht mich frei, auch anderen wertschätzend zu begegnen.

Doch diese anderen sind nicht nur Menschen in all ihrer Fremdheit und Unverständlichkeit. Es ist auch die Natur, die uns trägt, nährt und von der wir ein Teil sind. »Macht euch die Erde untertan« ist die Botschaft der Bibel an das Christentum. Die Schattenseiten dieses Projektes können wir heute erleben. Die Natur ist schöpferisch, sie ist eigenmächtig. Doch sie wurde vom Menschen zum Objekt degradiert, mit dem man meint, beliebig umgehen zu können. Atombombentests unter Wasser und unter der Erde, Verschmutzung der Meere und der Atmosphäre, Belastung der Wasserkreisläufe, Versteppung und Verödung sind menschengemacht und fügen der Erde Leid zu. In früheren Zeiten war es auch in unseren Breitengraden noch üblich, die Erde als ein lebendes Wesen anzusehen, als *Gaia*. In anderen Kulturen hat sich diese Vorstellung bis heute erhalten. Das Lebewesen Erde, *Gaia*, ist das Opfer unserer Handlungen. Doch es ist ein Irrtum anzunehmen, sie sei schwach. Ganz im Gegenteil. Sie ist machtvoll, doch duldsam. Wenn der Mensch wider die Ordnung der Natur handelt, reagiert sie jedoch. Sie reagiert so, ›wie es ihre Natur ist‹.

Genauso ist es mit unserem Körper. Wenn wir unseren Körper missachten, misshandeln, ihn ausbeuten und schinden, dann ist er, der unser bester Freund ist, lange Zeit geduldig. Doch irgendwann wehrt er sich, zeigt, dass er nicht alles mit sich machen lässt: er wird krank, seine Leistungsfähigkeit nimmt ab. Die Art, wie wir mit unserem Körper umgehen, schlägt auf die Stimmung und das Gemüt. Die Lebensplanung und der Lebensvollzug geraten aus dem Takt und aus der Balance. Ganz ähnlich ist es mit dem Körper Erde, der uns alle trägt und nährt: Er hält viel aus, doch irgendwann ist der Punkt gekommen, wo dieser Körper, der für unser Überleben verantwortlich ist, uns zeigt, dass wir die göttliche Ordnung, ohne die im Kosmos nichts existieren kann, missachtet haben und es einer grundlegenden Korrektur in unserer Einstellung und in unserem Verhalten bedarf.

Wie wir mit dem Körper Erde umgehen, ist nicht mehr als ein Spiegel dessen, wie wir mit dem menschlichen Körper umgehen: Statt ihn in seinem natürlichen Wirken zu unterstützen, greift die Schulmedizin immer stärker in das Gewebe des Lebens ein – mit Pillen aller Art, mit dem chirurgischen Messer, das viel zu schnell eingesetzt wird. Der Körper wird zurechtgebogen, zurechtgestutzt, schönheitschirurgisch zurechtgeschnitten. In den reichen Ländern werden Menschen angehalten, ihren Körperrhythmen keine Beachtung zu schenken. Die wissenschaftliche Betriebsführung sorgt hier für eine beispiellose Intensivierung der Arbeit. Einige der direkten oder indirekten Folgen auf der Körperebene sind unübersehbar: Stress, Magersucht und Fettleibigkeit greifen um sich, grundlegende Weisen der körperlich-seelisch-geistigen Selbstregulierung werden außer Kraft gesetzt. In den armen Ländern hingegen herrschen Unterbeschäftigung (weit stärker als bei uns), Hunger, miserable hygienische Verhältnisse, und es gibt eine dramatische Verschmutzung der Ressourcen von Wasser, Boden und Luft dort, wo sich die Menschen in den urbanen Zentren ballen. Statt die Schönheit der Natur zu würdigen und mit ihr zu kooperieren, herrscht tiefster Unfrieden zwischen Mensch und Natur.

Und noch einen dritten Körper gilt es zu erwähnen: den sozialen Körper. So wenig wertschätzend, wie wir mit uns selbst und unserer natürlichen Mitwelt umgehen, so wenig wertschätzend verhalten wir uns vom Grundsatz her gegenüber unserer sozialen Mitwelt. Auch dies ist ein Körper. Es ist der Beziehungskörper, der durch die Art und Weise entsteht, wie wir unseren Mitmenschen begegnen. Ein solcher Beziehungskörper lässt sich beschädigen. Wenn ein Paar beginnt, negativ übereinander zu reden, so wird der Beziehungskörper beschädigt; es ist fraglich, wie lange dies gut gehen kann. Wenn soziale Gruppen, Organisationen und Institutionen, Länder und Kulturen entwertend übereinander kommunizieren, leidet der Beziehungskörper. Unfrieden wird befördert. Kampf der Kulturen, Terrorismus, Angst sind die Folgen.

Es gibt das Gesetz des Spiegels. Auf der materiellen Ebene zeigt sich, was sich auf der geistigen Ebene abspielt. Unsere Körper drücken aus, wie wir mit uns umgehen: Unser eigener Körper drückt aus, wie wir mit uns selbst umgehen, unser sozialer Beziehungskörper drückt aus, wie wir mit unserer sozialen Mitwelt umgehen, und der Körper Erde drückt aus, wie wir mit der Natur und ihrer Schöpferkraft umgehen.

Sorgfalt gegenüber Körper und Materie war in allen alten Kulturen Aufgabe der Frauen. Mit der Fähigkeit zu gebären, Menschen großzuziehen und sie im Sterben zu begleiten, haben Frauen die Sorgfalt gelebt, die wir der Materie entgegenbringen müssen. Dieses weibliche Wissen um den achtsamen Umgang mit dem Körper, der wir sind, ist seit Jahrhunderten immer stärker marginalisiert worden. Materie wird in unseren industrialisierten Ländern nicht mehr als beseelt erlebt. Der Leib, wie es früher hieß, ist der *beseelte* Körper. Er wurde in unserer Vorstellung auf den Körper reduziert. Doch der lateinische Begriff *Corpus* meint letztlich den toten Körper.[2] Ebenso wurde in unserer Vorstellung *Gaia*, die beseelte Erde, auf tote Materie reduziert, die man beliebig ausbeuten kann. Dasselbe Denken erstreckt sich inzwischen auf die Welt der Tiere, die ihrer Seele beraubt, als Stück Vieh für den Fleischkonsum gezählt und vermarktet werden. Tote Materie ist gefügig. Sie lässt sich instrumentell für menschliche Ziele und Zwecke gebrauchen und missbrauchen. Auch die Welt der Pflanzen, die uns unermüdlich Sauerstoff, Schatten, Schönheit und Nahrung schenken, verwandelt sich im Zuge der industrialisierten Nahrungsverarbeitung und der Genmanipulation unversehens. Ihr Nährwert nimmt dramatisch ab, Lebensmittel werden zum Teil zu Krankheitserregern. Frieden schafft all dies nicht. Man kann es auch als einen Krieg bezeichnen, den wir auf vielen Ebenen führen. Er ist Ausdruck tiefsten Unfriedens im Verhältnis des

Menschen zu sich, seiner menschlichen und seiner natürlichen Mitwelt.

Was uns heute zu fehlen scheint, sind Fähigkeiten und Haltungen, die traditionell stärker in der Psyche der Frau verankert sind als in der des Mannes. Männer erlernen eher einen instrumentellen Umgang mit sich und anderen. Sie sind ausgerichtet auf ›Tun‹ und ›Machen‹. Frauen sind demgegenüber durch ihre natürliche Ausstattung und Sozialisation stärker auf andere Fähigkeiten hin angelegt: das Gewähren, Zulassen, Annehmen und die Begleitung von Werden, Wachsen und Vergehen. Diese Fähigkeiten sind nicht gleichbedeutend mit Passivität. Ganz im Gegenteil: Bewusstes Gewähren ist eine Aktivität, eine Kunst, die innere Stabilität und Klarheit verlangt.[3] Den Dingen ihren Raum zu lassen und ihnen die Wertschätzung entgegenzubringen, die sie brauchen, um zu reifen und sich zu entfalten – das sind Fähigkeiten, die vor allem Frauen leben. Von ihnen können wir heute kollektiv und individuell viel lernen.

Wir Menschen sind auf Frieden hin angelegt. Wir möchten im Frieden mit uns selbst und anderen leben. Wir möchten gerne glücklich sein und geliebt werden. Wenn wir auf allen Ebenen – im Verhältnis zu uns selbst, im Verhältnis zur sozialen Mitwelt und im Verhältnis zur natürlichen Mitwelt – Unfrieden erzeugt haben, dann ist es höchste Zeit für eine grundlegende Umkehr. Dieses Buch zeigt einen Weg auf, der dabei helfen kann. Es versteht Wertschätzung als eine Kraft des Herzens, die Ja sagt zu dem, was ist. Sie ist verbunden mit der Liebeskraft, die in jedem von uns existiert. Aus einer Haltung der Wertschätzung entwickeln wir einen achtsameren Umgang mit uns selbst, mit dem anderen und mit unserer natürlichen Mitwelt. Wir lernen, im Frieden mit der inneren und äußeren Natur zu leben.

Eine solche Wertschätzung erstreckt sich – und das mag überraschend sein – auch auf die schlimmen Verhältnisse, die sich die Menschheit geschaffen hat. Es ist keine Wertschätzung, die das, was ist, begrüßt. Doch es ist eine Wertschätzung, die das Leiden, das wir uns individuell und kollektiv bereiten, nicht mehr verdrängt. Wir können es *bejahen* als eine Hilfe zur Umkehr. Dieses Leiden anzuerkennen macht uns frei zur Änderung. Man könnte es als den Buddhaweg bezeichnen: Indem Buddha das tiefe Leiden der Menschheit erkannte, entwickelte er den Pfad der Achtsamkeit. Heute sind wir kollektiv gefordert, mehr Achtsamkeit in unserem Umgang mit uns selbst, mit dem anderen und mit der Natur zu lernen und zu leben. Aufforderungen dazu erhalten wir genug, denn offenbar lernen wir nur aus schwierigen Erfahrungen. Der 11. September 2001 war eine menschheitsbewegende Erfahrung, die bislang nicht zu einer Umkehr, sondern unter US-amerikanischer Führung zu einer Stabilisierung bzw. Verschlechterung des bisherigen Status quo geführt hat. Der Tsunami vom 26. Dezember 2004, der rund fünf Millionen Menschen Leid brachte und rund 300 000 Tote forderte, ist eine weitere Aufforderung zur Umkehr.

Wir alle sind Teil der Schöpfung. Dies gilt es heute zu begreifen. Auf einem gefährdeten Planeten geht es darum, ein Zusammenleben zu lernen, das unser gemeinsames Überleben sichert. Eine Haltung der Wertschätzung kann dabei Entscheidendes bewirken. Indem sie den Respekt sich selbst gegenüber sowie der sozialen und natürlichen Mitwelt gegenüber erweitert, öffnet sie unser Bewusstsein für die Einheit alles Lebendigen. So groß diese Formel sein mag, sie übersetzt sich im konkreten Alltag in viele kleine Schritte des Lernens und der Transformation. Doch wo dieser Prozess eingeleitet wird, bleibt er nicht ohne Folgen. »A little is a lot«, wenig ist viel. Jede Änderung beginnt im Kleinen.

Wer dieses Buch in die Hand nimmt, kann von sehr unterschiedlichen Interessen geleitet sein. Für die einen mögen die Kapitel über Wertschätzung sich selbst gegenüber am wichtigsten sein. Andere wiederum richten ihre Aufmerksamkeit auf die Kapitel, die sich mit der Wertschätzung von anderen beziehen. Und wieder andere sind vielleicht stärker an dem Aspekt interessiert, wie wir der natürlichen Mitwelt mit größerer Wertschätzung begegnen können.

Das Buch ist so strukturiert, dass Sie sich auf den einen oder anderen Aspekt konzentrieren können. Und dennoch gehören für mich alle drei Aspekte zusammen. Deswegen war es mir wichtig, sie in diesem und in dem nachfolgenden Buch zu vereinen, gerade so, wie ich sie in meinem Leben vereint habe und zu vereinen suche. Als Politik- und Kommunikationswissenschaftlerin bin ich zugleich Therapeutin und Beraterin und spirituell Suchende. Als Frau und Mutter lebe und arbeite ich in Männerwelten. Von meiner Herkunft her stamme ich aus dem hoch industrialisierten Westen, der von einem rationalen Welt- und Menschenbild geprägt ist, doch ich habe mich auf nunmehr annähernd zwanzig Reisen nach Indien und Südostasien auf die Weisheit dieser alten Kulturvölker zutiefst eingelassen. Von ihnen lerne ich unendlich viel, und dieses Wissen fließt an den verschiedensten Stellen in den Text ein. Brücken zu schlagen, auch kulturelle und zwischen den verschiedenen Welten, erweitert das Bewusstsein. Wenn wir anderen Kulturen mit Wertschätzung begegnen und von ihnen lernen, schlagen wir Brücken.

In diesem und dem nachfolgenden Buch schöpfe ich aus vielen Quellen. Ein ganzes Forschungs- und Arbeitsleben in all seinen Facetten fließt mit ein. Mein Weg hat mich ursprünglich von der Geschichtswissenschaft und Soziologie zur Politikwissenschaft und Ökonomie geführt. Doch mein wirklicher Focus war die Kommunikation. So wurde ich nicht nur Professorin für Politikwissenschaft mit dem Schwerpunkt Kommunikation und Medien, sondern schließlich auch Coach, Psychosynthesetherapeutin und Kommunikationsberaterin.

Meine Suche nach einer Wissenschaft, die *wirkliches Wissen* schafft, führte mich schließlich auf den spirituellen Weg. Erst in dem Brückenschlag von Wissenschaft und Spiritualität konnte ich Antworten auf meine Fragen finden. Von Haus aus tief christlich geprägt, fand ich dennoch meine spirituelle Heimat in der *philosophia perennis*, der ewigen Weisheit der indischen Veden. Sie lehren die Einheit alles Lebendigen. Danach ist die ganze Schöpfung der Körper Gottes, der sich in diesem Körper selbst begegnet. So gilt mein besonderer Dank meinem wichtigsten geistigen und spirituellen Lehrer Sri Sathya Sai Baba, dessen Botschaft der Liebe Millionen von Menschen rund um den Globus erreicht. Daneben gab es viele Lehrer und Lehrerinnen, denen ich in meinem Leben begegnen durfte: Wolfgang St. Keuter, mit dem ich das ›Schau-Spiel als Weg‹ in der Tradition der Initiatischen Therapie entdecken durfte[4], Gerda Boyesen, die mich den Biodynamischen Weg lehrte, den Körper zu lesen und zu heilen[5], Martina und Alfred Rosenbaum, die mich in die Kunst des Psychodramas einführten[6], Kristina Brode, die mich mit ihren vielen hervorragenden Trainern und Trainerinnen auf den Weg der Psychosynthese brachte[7], Udo Simonis[8], der mich bereits in den 80er-Jahren einlud, Kommunikation und Ökologie aufeinander zu beziehen, Harrison Owen[9], der mich die *Open Space Technology* und damit eines der wichtigsten dialogorientierten Kommunikationsverfahren lehrte, und schließlich Jayanath Abeywickrama aus Sri Lanka[10], der meiner Kommunikation mit der Natur eine spirituelle Tiefe schenkt, die ich noch nicht kannte.

Doch mein Dank gilt auch den unzähligen Menschen, mit denen ich arbeiten durfte und darf: meinen Studenten und Studentinnen, meinen Klienten und Klientinnen, Kunden und Kundinnen, den Auftraggebern in Firmen, Organisationen und Kommunen sowie meinen Mitarbeitern und Mitarbeiterinnen, Kollegen und Kolleginnen. Indem sie sich mit mir auf das Abenteuer einer gemeinsamen Arbeit eingelassen haben, durfte ich von ihnen lernen und sie von mir. Erst in dieser Zusammenarbeit wurde mir die Bedeutung einer wertschätzenden Haltung vollends bewusst. Sie zu leben ist für mich immer wieder Ansporn und Herausforderung. Und wenn sie sich einstellt, so spüre ich genau, wie die Arbeit an Kraft, Tiefe und heilender Wirkung gewinnt.

Last but not least gilt dieser Dank meiner Familie und meinen Freunden. Meine Eltern haben mit ihrer Wertschätzung meiner Person die Grundlagen für meinen Weg gelegt; dafür bin ich ihnen zutiefst dankbar. Peter Mettler hat mich in der Zeit unseres Zusammenlebens immer wieder zu geistigen Experimenten angespornt, indem er sehr früh an meine wissenschaftlichen Fähigkeiten glaubte und mich in die Welt des rationalen Intellekts einführte. Als unsere beiden Töchter Nathalie und Pascale in unser Leben traten, wurde mir endgültig bewusst, dass mich die Welt des Intellekts letztlich nicht beheimaten kann. Zu viel von dem, was Menschsein ist und wertvoll macht, findet darin keinen Platz. So musste ich mich erneut auf die Suche machen. Diese beiden wunderbaren und inzwischen erwachsenen Frauen waren und sind für mich immer wieder eine Anregung, nach dem zu suchen, was bleibend ist und über mich und meine Gegenwart hinausweist. Das vorläufige Ergebnis dieser Suche finden Sie in diesem und dem folgenden Buch.

Freunde wärmen das Leben, gerade dann, wenn es so arbeitsreich ist wie das meine. Mein Leben zwischen Europa und Asien bringt es mit sich, dass sich meine Freunde vor allem auf zwei Kontinente verteilen. Selbst wenn sie sich zum Teil gar nicht kennen, sollen sie wissen, dass sie in meinem Herzen gemeinsam Platz finden. Einige von ihnen, die mich gerade in den letzten Jahren begleitet haben, möchte ich hier wenigstens mit Namen nennen: Petra Beckers, Barbara Böttger, Kristina Brode, Helga Kirchner, Arno Kimmeskamp, Torsten Konrad, Alexia Meyer-Kahlen, Anita Ruhnau, Karin Scheu, Renate Schütz, Ulla Sebastian, Dörte Schreinert, Gabrielle Steiner, Tom Messer, Bernhard Weber, Manfred Xhonneux, Gabriele Zinzius und im fernen Indien und in Sri Lanka Jayanath Abeywickrama, Ranga Kirchhoff, Bianca Nixdorf und Lakschmi Segmüller.

Zu guter Letzt: Mitarbeiter und einige Studierende haben sich als erste von der Begeisterung für das Thema Wertschätzung anstecken lassen. Dies gilt vor allem für André Nowak, der es selbst zum Thema seiner Magisterarbeit machte, und für Maria Schnurr. Maria Schnurr war es, die jeden Schritt dieser Ausarbeitung mit ihrer Aufmerksamkeit und engagierten Kompetenz begleitete. Sie half mir, mich in das Abenteuer dieser zwei Bücher zu begeben und heil wieder daraus hervorzukommen.

Nun wünsche ich Ihnen Freude und Anregung beim Lesen, Nachsinnen, Ausprobieren und Weitergehen auf Ihrem eigenen Weg.

Wertschätzung begründen:

Warum ist Wertschätzung heute wichtig?

Wertschätzung – eine Antwort auf die Qualität der Zeit

»Was ist, ist heilig!« Ein schockierender Satz! Lässt sich dem zustimmen? In einer Phase, in der die Welt im tiefsten Unfrieden ist, in der Unsicherheit über die Zukunft um sich greift?

»Was ist, ist heilig!« Könnte in dieser Aussage ein Wahrheitskern stecken, der uns hilft, mit uns selbst, unserer Lebenssituation, unseren Herausforderungen, Aufgaben und Nöten besser umzugehen?

In der Aussage »Was ist, ist heilig« ist jene Haltung verborgen, um die es hier geht: Es ist die Haltung der Wertschätzung – und zwar im Sinne einer Grundhaltung. Es ist eine Haltung, die gründet, die den Grund legt, die Grundlagen schafft. Als solche ist sie weniger gerichtet als umfassend: sie bezieht ein, grenzt nicht aus. Wo diese Haltung gelebt wird, richtet sie sich auf mich selbst *und* mein Gegenüber, auf meine Ideale *und* die der anderen, auf meine Bedürfnisse *und* die der anderen, auf meine Unzulänglichkeiten *und* die der anderen, auf meine Erfolge *und* die der anderen ...

Warum ist Wertschätzung heute wichtig?

> *Das ›Ja‹ zu dem, was ist,*
> *legt eine Tiefendimension in dir frei,*
> *die weder von äußeren Bedingungen noch von*
> *internen Bedingungen*
> *ständig wechselnder Gedanken und Emotionen abhängt.«*
>
> Eckhart Tolle[1]

In einer Haltung der Wertschätzung bin ich grundsätzlich erst einmal bereit zu akzeptieren, dass das, was ist, tatsächlich wirklich ist: Es bestimmt mich, meinen Alltag, meine Lebenssituation. Statt gegen das, was ist, anzukämpfen, es zu kritisieren, zu leugnen, zu verdrängen oder auf andere Weise die Augen vor der Realität zu verschließen, stelle ich mich ihr. Ich bin offen dafür, sie nicht nur wahrzunehmen, sondern sie *für-wahr-zu-nehmen*. Geschieht dies in einer Haltung der Wertschätzung, so kommt noch ein Weiteres hinzu: Ich würdige diese Wirklichkeit, das heißt, ich akzeptiere sie mit meinem Herzen als das, was Gott, das Schöpfungsprinzip, (für mich) hat werden lassen. Es ist jenseits dessen, was ich steuern oder kontrollieren kann. Insofern ist es ›heilig‹ – es hat den Rang einer Realität, der ich mich als Mensch stellen muss und will.

Das heißt nicht, dass ich die Hände in den Schoß legen und alles so hinnehmen muss, wie es ist. Wenn ich wertschätze, was ist, ziehe ich vielmehr die Energien ab von Schuld, Scham, Verdrängung, Verleugnung, Nicht-Wissen-Wollen. Ich befreie sie, um den nächsten Schritt zu tun: Akzeptiere ich die Wirklichkeit, so wie sie jetzt ist, so werde ich frei, meine Energien einzusetzen, um Zukunft zu gestalten. Meine Lebens- und Herzensvision, meine Gaben, meine Möglichkeiten – sie alle kann ich nutzen, um die Aufgaben anzugehen, die sich mir stellen – auf welcher Ebene auch immer, ob auf der persönlichen, privaten, beruflichen oder gesellschaftlichen.

Globalisierung und die Begegnung der Kulturen

Wieso ist es heute wichtiger denn je geworden, eine Haltung der Wertschätzung zu entwickeln?

Die Welt wächst zusammen. Flugzeuge, Schiffe, Züge, Lkws und Autos transportieren immer größere Warenströme rund um den Globus. Doch nicht nur die Waren sind ›mobil‹. Auch die Menschen wandern – meist unfreiwillig: als Arbeitende, als Arbeitssuchende, als MigrantInnen, als Flüchtlinge. Unterstützt und angetrieben wird diese Mobilität von den Nervenbahnen und den intelligenten Maschinen der globalisierten Gesellschaft. Telekommunikationsnetze und ihre vernetzten Computergehirne transportieren Nachrichten, Bilder und Daten aller Art und gewähren Zugang zu jedem Ort der Welt. Mithilfe von Telefonen, Handys, Laptops, PCs, Datenbanken und Medien vielfältigster Art können wir uns einbinden in einen immer dichter werdenden Austausch von Menschen, Meinungen, Daten, Bildern und Symbolwelten.

Kulturen, Kulturräume und Menschen verlieren in diesem Prozess der Mobilität von Nachrichten, Waren, Kapital und Menschen an Eindeutigkeit und Kontur. Identitäten, Selbstgewissheiten, Sicherheiten lösen sich unversehens auf und müssen neu aufgebaut werden. Die Gefahr, dabei das Fremde auszugrenzen, es gar zu bekämpfen, ist groß. Sie ist umso größer, je gefährdeter ich mich – individuell oder kollektiv – in meiner Existenz erlebe. Wo die Sicherheiten von Besitz, Ansehen, Arbeitsplatz oder gar des Lebens gefährdet zu sein scheinen oder gefährdet sind, ist der Boden bereitet für Angst, Aggression oder Ablehnung gegenüber allem Fremden.

Hier neue Identitäten herauszubilden, ohne dabei das Fremde abzuwerten, ist die große Herausforderung der Gegenwart. Wollen wir uns ihr stellen, so erfordert dies Offenheit,

Lernbereitschaft, Wertschätzung des Fremden – und das gerade auch dann, wenn ich dabei die eigene Sicherheit gefährdet sehe.

Zugehörigkeit zu geben oder zu verweigern, ist ein geistiger und emotionaler Akt. Zugehörigkeit entstand schon immer durch Ausgrenzung, und zwar derer, die als nicht zugehörig definiert wurden – sei es durch eine Gruppe, ein Kollektiv oder ein System. Je offener und wertschätzender Menschen, Kollektive oder Systeme jedoch sind, desto leichter fällt es ihnen, Zugehörigkeit zu ›schenken‹.

In der globalisierten Gesellschaft wird nun die Fähigkeit zur wertschätzenden Offenheit in ungeahnter Intensität getestet. Immer weitere Räume des Fremden dringen in unseren beruflichen, gesellschaftlichen sowie privaten Alltag vor und fordern ihr eigenes (Existenz-) Recht. Darauf können individuell und kollektiv unterschiedliche Antworten gewählt werden: eine Haltung der Wertschätzung gegenüber dem Fremden, die das Fremde als Bereicherung mit einem eigenen Existenzrecht akzeptiert, eine Haltung des ewigen Touristen, der das Fremde nur in der Fremde als exotisch und kurzweilig zulässt, oder eine Haltung der feindseligen und ausgrenzenden Bunkermentalität, in der alles Fremde als Gefahr und Bedrohung erlebt, ausgegrenzt und womöglich bekämpft wird.

Veränderungsdruck und Lernen

Lebenslanges Lernen – diese Formel, die zugleich eine Forderung ist, kennt heute jede und jeder. Sie soll uns wachrütteln und uns darauf aufmerksam machen, dass alles in Bewegung ist. Wissen und Erlerntes haben nur eine kurze Gültigkeitsdauer.

Wertschätzung – eine Antwort auf die Qualität der Zeit

Berufsbilder und Berufskarrieren sind einem ständigen Veränderungsdruck ausgesetzt. Wer sich in vertrauten, sicheren Bahnen bewegen will, kann nur allzu schnell im Abseits landen.

Solche Forderung nach lebenslangem Lernen macht Angst. Sie erzeugt das Gefühl, nie genug zu sein und nie ans Ziel gelangen zu können. Heute wächst diese Angst nicht nur individuell, sondern auch kollektiv und in Organisationen. Im persönlichen Leben erzeugt sie den Druck, sich ständig weiterzuentwickeln: durch den Erwerb neuer beruflicher oder persönlicher Fähigkeiten, durch Mobilität, durch immer flexiblere Anpassung an wechselnde Anforderungen. Kollektiv entsteht Angst durch den Verlust vermeintlicher Sicherheiten: der Sicherheit des Arbeitsplatzes, der Altersversorgung, der umfassenden Gesundheitsversorgung, des gewaltfreien Miteinander-Lebens.

Wirtschaftliche Organisationen wiederum fürchten rasant wegbrechende bzw. sich umstrukturierende Märkte sowie sich verschärfende Konkurrenzbedingungen und sorgen sich um ihre Besitzstände. Sie wissen nicht, wie sie mit den Risiken von Terrorismus, Wechselkursschwankungen oder Umweltkatastrophen umgehen sollen, die letztlich nicht beherrschbar erscheinen. Das politische System wiederum erfährt, dass der Veränderungsdruck objektiv zunimmt und die Handlungsmöglichkeiten der politischen Systeme und Akteure in einer globalisierten Gesellschaft objektiv zurückgehen.

Wo ständige Veränderungen den Druck zu lernen erzeugen, braucht es andere Sicherheiten, nämlich Sicherheiten, die von innen kommen. Im Taifun sind stärkste zentrifugale Kräfte am Werke. Doch in der Mitte gibt es eine Zone der Ruhe, hier herrscht absolute Stille. Hier werden die zentrifugalen, die nach außen drängenden Kräfte, gehalten. Auch Menschen, Kollektive oder Organisationen brauchen Räume der Ruhe, in denen sich die not-wendende Sicherheit trotz eines Strudels der Veränderung herstellen kann. Wenn Menschen diese Ruhe mitbringen, vergleichen wir sie mit einem ›Fels in der Brandung.‹ Wenn ein Wirtschaftsunternehmen auf ökonomische Turbulenzen ohne Aufgeregtheit reagiert und sich mit Bedacht neu ausrichtet, nutzen wir das Bild eines Schiffes, das sicher durch gefährliche Gewässer gesteuert wird. Wenn politische Akteure inmitten von Angst und Chaos Ruhe bewahren, gilt ihnen unsere Bewunderung und Dankbarkeit.

Woher kommt diese Sicherheit zu stehen, ohne sich in den Strudel reißen zu lassen? Woher kommt die Fähigkeit, sich in einer Zone der Ruhe Klarheit darüber zu verschaffen, was zu tun und zu lassen ist und wie ein neuer Weg angesichts neuer Herausforderungen gefunden werden kann? Selbstvertrauen und Selbst-Wertschätzung sind die Kräfte, die uns in die Mitte des Taifuns bringen. Nur wer genügend Wertschätzung für sich selbst aufbringt, wird auch genug Standfestigkeit und Flexibilität aufbringen, um sich von den Kräften der Bewegung nicht hin- und herreißen zu lassen. Das gilt individuell, kollektiv, organisatorisch.

Ständiges Lernen und das flexible Reagieren auf neue Herausforderungen verlangen also nicht, auf jeden neuen Trend blind zu reagieren und sich in ein neues Abenteuer mit unbekanntem Ausgang zu stürzen (viele Restrukturierungsmaßnahmen der Wirtschaft folgen diesem Muster). Es braucht vielmehr eine Sicherheit und Ruhe, die aus der Wertschätzung des bisher Geleisteten kommt. Aus diesem Wissen um die eigenen Stärken und Potenziale erwächst dann die Kraft, mit Augenmaß die eigenen Fähigkeiten zu erweitern und neue Antworten auf sich verändernde Umwelten zu finden.

Zeitstress

Die neuen Informations- und Kommunikationstechniken haben uns ein zweischneidiges Geschenk beschert. Was als Techniken der Zeitgewinnung entwickelt wurde, entpuppt sich zunehmend als ›Zeitfresser‹. Wir erleben im Zeitalter von Handy, Laptop, E-Mail und Internet eine beispiellose Beschleunigung.

Dabei ist ein merkwürdiges Gesetz am Werk, das Gesetz der Technikspiralen[2]: Techniken werden als Antwort auf konkrete Herausforderungen entwickelt, so z.B. die Herausforderung, andere schnell und möglichst unabhängig von Zeit und Raum zu erreichen. Das (stationäre) Telefon und das Telex waren darauf erste wichtige Antworten. Mit dem Fax wurde es dann möglich, selbst Text(bilder) in Sekundenschnelle zu übertragen. Als die Telefone per Handy und die Faxgeräte per E-Mail-fähigen Handys laufen lernten, wurde die Erreichbarkeit in immer weitere Zeitnischen und Zeitzonen ausgedehnt. Eine Folge: Die Kommunikationszeit zwischen Menschen und Organisationen wird zunehmend fließend. Eine just-in-time Kommunikation entsteht. Wartezeiten entfallen. Was eben noch technisch schnell war, erweist sich dabei unversehens als langsam, weil eine schnellere Technik an dessen Stelle getreten ist. Doch damit ist der Prozess noch nicht zu Ende. Das Schnelle wird durch das noch Schnellere übertrumpft und so fort.

So dreht sich die Technikspirale immer weiter. Ihr Ziel ist es, die Ressource Zeit immer unmittelbarer, immer fugenloser nutzbar zu machen. Ein beispielloser Zeitstress und eine Sogwirkung von Computern und Medien entstehen. Unsere Helfer ermüden nie, benötigen keine Pause, stehen immer zur Verfügung, scheinen unseren permanenten Arbeitseinsatz zu fordern. Was sich entwickelt, ist ein suchtartiger Gebrauch von Medien im Rausch der Geschwindigkeit.

Auch hier benötigen wir (Gegen)Kräfte, um zu einem heilsameren Umgang mit Medien aller Art zu kommen.[3] In der Sucht bin ich auf den Gegenstand meines Suchens so fixiert, dass ich meine, ohne ihn nicht leben zu können. Heute haben Handy, Laptop, PC und unterhaltende Medien aller Art längst nicht nur Kult- sondern Suchtcharakter entwickelt. Wo es zu solchen suchtartigen Strukturen kommt, fehlt es an der erforderlichen Ich-Stärke, um zu erkennen, dass das Objekt meiner Sucht meine Not nicht lindern kann. Vielmehr führt es mich letztlich aufgrund seiner potenziell destruktiven Qualität immer stärker in eine Suchtstruktur hinein.

Dies gilt auch für die Beschleunigungssucht: Wenn ich versuche, immer schneller zu werden, bin ich – in den Worten Coveys gesprochen – in die ›Dringlichkeitsfalle‹ geraten.[4] Alles beansprucht für sich höchste Dringlichkeit und Wichtigkeit. ›Erledigung auf der Stelle‹ ist gefordert. Dies mag professionell erwünscht sein. Dabei geht jedoch Wichtiges verloren: die Fähigkeit, das Wesentliche vom Unwesentlichen zu unterscheiden, klare Prioritäten zu setzen und einzuhalten sowie Muße und Raum für meine wichtigen Beziehungspartner und für die Pflege meines eigenen seelisch-geistig-körperlichen Wohlbefindens zu finden.

Beschleunigung ist in unserem konkurrenzkapitalistischen System ein hohes Gut. Sie verspricht Marktchancen, Marktanteile, Wachstum. Doch jede Kraft, die übertwertig wird, führt zu destruktiven Unbalancen. Dies gilt auch für die Beschleunigung, solange nicht Gegenkräfte auf den Plan gerufen werden: Ein Läufer, der – notfalls mit Drogen – versucht, immer schneller zu laufen, bricht irgendwann zusammen; Unternehmen, die hektisch auf den Neuen Markt setzen, erleben einen heftigen Rückschlag; Politiker, die bestimmte Projekte durchpeitschen wollen, verlieren unversehens ihre Gefolgschaft ...

Was also fehlt uns in einer Zeit ständiger Beschleunigung und eines suchtartigen Umgangs mit Geschwindigkeit – zumindest bei jenen, die noch ins Arbeitsleben integriert sind? Auch hier fehlt es an innerer Ruhe und Gelassenheit, die allein aus der Selbstwertschätzung kommen können. Statt mich ständig zum Spielball von Fremdbestimmung und von äußeren Zwängen zu machen, eröffne ich mir in einer Haltung der Selbstwertschätzung den Zeit-Raum, um mir ein eigenes Urteil zu bilden. Wenn ich mir selbst und anderen nicht ständig beweisen muss, dass auch ich zu den Schnellen, Effizienten, Erfolgreichen gehöre, dann kann ich die Beschleunigung auf ein Maß zurückschneiden, bei dem die Instrumente der Beschleunigung mir helfen, das Wesentliche und nicht das Eilige zu tun.

Chronos – Aeon – Kairos

Die Griechen kannten in ihrem Himmel drei Zeit-Götter: *Chronos, Aeon* und *Kairos*. Chronos ist nicht nur der Hüter der Schwelle, sondern vertritt dabei auch die abstrakte, messbare Zeit der Chronometer/Uhren. Im Zeitalter der Nanosekunden diktiert er unser Zeitverständnis. Aeon steht für die Zeitdauer und erinnert uns daran, dass jedes Ding, das werden will, seine Zeit braucht, um zu wachsen und zu reifen. Kairos hingegen steht für den rechten Augenblick, in dem das richtige Anliegen mit den richtigen Menschen am richtigen Ort, zur richtigen Zeit und mit den richtigen Instrumenten in einer nicht planbaren Weise zusammen treffen. Zum Gelingen kommt außerdem noch der Segen der Götter hinzu. Kairos kann man nicht machen. Den Kairos kann man jedoch ergreifen oder ihn unwiederbringlich an sich vorbeiziehen lassen – als eine verpasste Chance. In einer Zeit ständiger Beschleunigung werden wir blind für Aeon, das heißt die Zeitdauer, die bestimmte Vorhaben und Prozesse für ihr Gelingen brauchen. Und wir werden unsensibel für die besonderen Kairosmomente, die dann unwiederbringlich verloren sind und deren Beachtung das Leben leicht und flüssig macht.

Jedem Ding die Zeit zu lassen, die es zum Werden braucht, heißt, Aeon zu huldigen. Es verlangt in unserer Nanosekundengesellschaft Wertschätzung gegenüber allen Prozessen des Werdens und Wachsens. Kairos zu huldigen, heißt in einer zeitgestressten Gesellschaft, jene Momente zu erfassen und zu ergreifen, in denen die Dinge sich so fügen, dass unser Leben und unsere Arbeit leicht werden. Dazu brauchen wir die Entwicklung des so genannten ›Sechsten Sinns‹ und eine Wertschätzung unserer eigenen intuitiven Wahrnehmungen. Wenn ein Mensch seine Intuition öffnet und ihr folgt, bringt er die Prozesse der Selbstorganisation nicht durch hektisches Tun vorzeitig durcheinander. Dieser Mensch ist vielmehr frei, den für das Anliegen günstigsten Moment zu ergreifen und mit dieser besonderen Zeitqualität zusammen, statt blind gegen sie zu handeln.

Ressourcen und Grundlagen des Lebens

Die Natur schlägt zurück – diese Warnung hören wir seit Jahren und langsam träufelt es in unser Bewusstsein, dass wir den Ast, auf dem wir sitzen, im Begriffe sind, selber abzusägen. Blind für die Grundlagen unserer Existenz zur Erde, im Wasser, in der Luft und in der Atmosphäre greifen wir als homo faber so massiv in die Selbstregulierungskräfte der Natur ein, dass wichtige natürliche Balancen nachhaltig beeinträchtigt sind: Meere werden überfischt und der Fischbestand nimmt rapide ab; Urwälder, die

Wertschätzung – eine Antwort auf die Qualität der Zeit

Lunge der Erde, werden abgeholzt; CO_2 wird in unverträglichen Mengen ausgestoßen und damit Klimaveränderungen provoziert, die für Mensch und Natur katastrophale Folgen haben und haben werden; der Süßwasserbestand auf dem Globus, der nur rund 2,5 Prozent des gesamten globalen Wasserhaushalts ausmacht und unsere wichtigste Nahrungsquelle überhaupt ist, wird immer noch verunreinigt oder ›wild‹ für industrielle Herstellungsprozesse verbraucht; Versteppung und Verwüstung ganzer Landzonen schreiten voran; der Schutzschild um die Erde gegen die lebensbedrohliche oder schädliche UV-Strahlung wird porös; der Ressourcenverbrauch nimmt trotz technologischer Fortschritte weiter zu; die Vermüllung von Weltraum, Meeren, Böden und Luft schreitet voran, und weiterhin werden Hunderte von Milliarden Dollar jährlich für militärische Rüstungsgüter investiert, statt sie für die Erhaltung von Leben einzusetzen.

Nach dem Gesetz von Ursache und Wirkung lassen sich die Folgen dieser menschlichen Hybris, an der wir – und zwar insbesondere wir in den reichen und satten Ländern des Nordens – alle beteiligt sind, nicht vermeiden. Wie die Wirkungen im Einzelnen, regional und global sind und sein werden, können wir angesichts der Vernetzungsstruktur alles Lebendigen nicht erkennen oder vorhersagen. Wohl jedoch wissen wir, dass zahlreiche Wirkungen unvermeidlich sind und sich zum Teil erst über einen langen Zeitraum einstellen werden, ohne dass wir sie stoppen können.

Lohnt dann überhaupt noch eine Haltungsänderung oder können wir weitermachen wie bisher – business as usual – getreu der Vorstellung: Nach uns die Sintflut?! »Wertschätzen dessen, was ist«, will angesichts der tief greifenden Schwierigkeiten, in die sich die Menschheit verstrickt hat, nur schwer gelingen. Und dennoch kann man in den ökologischen Katastrophen auch etwas wertschätzen lernen. Die ökologischen Eigengesetzlichkeiten fordern uns auf, unsere Grundhaltung gegenüber dem Leben zu korrigieren. Dazu müssen wir allerdings die Augen und Herzen aufmachen, unsere Täterrolle erkennen, sie verstehen und akzeptieren, welche Zerstörungskraft darin verborgen ist. Erst dies macht frei zur Korrektur.

Statt alles mit unserem Veränderungswahn instrumentalisieren und vernutzen zu wollen, können wir dann lernen, der Natur und ihrer Selbstregulierungskraft Achtung und Respekt entgegenzubringen. Wir werden aufgefordert, ein mitweltliches[5] und conviviales[6] Verhältnis mit den Wirkkräften der Natur zu entwickeln. In dieser Haltung lernen wir, dass wir uns die Natur nicht in einer Herrscherattitüde untertan machen können. Vielmehr geht es heute darum, mit dem ›Garten Erde‹ in einer achtsamen und pfleglichen Weise umzugehen, gerade so wie Gärtner, die die Entfaltung der Natur und ihrer Lebewesen fördernd begleiten.

Wir alle sind auf diesem Planeten eine Überlebensgemeinschaft. Die Erde und ihr Ökosystem sind unsere Lebensgrundlage. Missachten wir sie, so missachten wir unseren Wunsch nach Leben und dem Leben aller, die neben der Spezies Mensch auf dieser Erde auch ihren Lebensraum haben. Das ist der Grund, warum es – auch angesichts eines bereits weit fortgeschrittenen Zerstörungsgrades – lohnt, eine Kultur der Achtsamkeit und Wertschätzung gegenüber der Natur und ihren Wirkkräften zu entwickeln. Indem wir eine neue Haltung gewinnen, geben wir einen veränderten Richtungsimpuls für die Selbstregulierungsmechanismen der Natur. Wenn wir lernen, mit ihr statt gegen sie zu arbeiten, können wir die Selbstheilungskräfte unterstützen und noch Schlimmeres verhüten. Insofern ist eine Änderung in Haltung, Denken und Handeln die wichtigste Voraussetzung dafür, die Lebensgrundlagen für uns und für die nachfolgenden Generationen auch auf längere Sicht zu sichern. Statt den Teufelskreis der Zerstörung fortzuschreiben, können wir so einen Zyklus der Heilung und Regeneration einleiten.

Wertschätzung und Wertschöpfung – ein Widerspruch?

Die Missachtung unserer Lebensgrundlagen hat eine wichtige Triebkraft: Wertschöpfungsprozesse, die inzwischen in einem globalen ökonomischen Wettbewerb optimiert werden. Mit den neuen Telekommunikations- und Informationstechniken stehen den wirtschaftlichen Akteuren Instrumente zur Verfügung, die ungeahnte Wertschöpfungsmöglichkeiten eröffnen. Das gilt nicht nur für die Ressource Kapital, die per Mausklick um den Globus geschickt werden kann. Es gilt auch für die Beschaffung von Rohstoffen und Gütern, die just-in-time geordert werden, für eine Produktion, die sich mühelos räumlich verlagern lässt, und für Vermarktungsstrategien, die regional, ja global zu bewerben und zu organisieren sind. Dieser technologische Quantensprung hat weit reichende Folgen: Die Globalisierung reicht in den Alltag jedes Einzelnen hinein. Sie erzeugt einen Veränderungsdruck, der ausgehend von den global players, den multinationalen Konzernen, bis zu den kleinsten Wirtschaftseinheiten reicht und bei allen Akteuren eine ständig anhaltende Suche auslöst, die eigenen Wertschöpfungsprozesse zu verbessern.

Ein erweitertes Verständnis von Wertschöpfung

Wertschöpfung wird betriebswirtschaftlich als Vermehrung von Eigentum und/oder Erwirtschaftung einer Rendite begriffen. Dieses Verständnis von Wertschöpfung ist das grundlegende Paradigma der Betriebswirtschaftslehre. Doch es hat einen entscheidenden Fehler: Es berücksichtigt nicht die *immaterielle Wertschöpfung*. Letztere ist schwer zu berechnen und dennoch unverzichtbar. Wenn materielle Wertschöpfung gelingen soll, braucht es immaterielle Wertschöpfungsprozesse, die Bedingungen schaffen wie Vertrauen, ein Klima der Verständigung, Motivation, Teamgeist, Kundenbindung ...

Worum es hier geht, wird in der Betriebswirtschaft unter *human resources* oder *soft skills* abgehandelt. Es genießt tendenziell den Status einer Restgröße, die immer dann ins Spiel gebracht wird, wenn sich das *Humankapital* als entscheidende Grenze für die Optimierung von Wertschöpfungsprozessen erweist. Dass jedoch ein systemischer und systematischer Zusammenhang zwischen materieller und immaterieller Wertschöpfung besteht, wird nicht ausreichend berücksichtigt. Hier sollen drei Thesen die Diskussion anregen:

- Materielle Wertschöpfung basiert wesentlich auf erfolgreicher immaterieller Wertschöpfung.

- Wer materielle Werte auf Kosten der immateriellen Wertschöpfung schafft, vernichtet mehr Wert als Wert zu schaffen.

- Wer immaterielle Wertschöpfung unter Absehung der materiellen Wertschöpfung betreibt, gefährdet nachhaltig unternehmerischen Erfolg.

Wertschätzung und Wertschöpfung – ein Widerspruch?

Drei Argumente zur ersten These, wonach materielle Wertschöpfung wesentlich auf erfolgreicher immaterieller Wertschöpfung basiert:

Die Pisa-Studie wird nicht ohne Grund von der OECD durchgeführt, das heißt einer Einrichtung, in der die stärksten Industrienationen ihre Interessen vertreten. Ihr Thema – Bildung, Ausbildung, Wissensniveau der nachwachsenden Generation im internationalen Vergleich – markiert damit eine wesentliche Ressource wirtschaftlicher Prozesse. Wenn es in einer Wissensgesellschaft an Bildung mangelt, dann leidet die Konkurrenzfähigkeit. Bildung ist aber ein immaterielles Gut. Es herzustellen, verlangt nicht eine materielle, sondern eine immaterielle Wertschöpfung. Dies gilt noch mehr, wenn das Ziel wirklicher Bildung erreicht werden soll, nämlich Charakter und Persönlichkeit.

Ein anderes Beispiel: Was bringt Investoren dazu, in einen (neuen) Standort oder in ein neues Projekt zu investieren? Sind es allein die wichtigsten finanziellen Parameter, die ein Investitionsvorhaben rechtfertigen? Mit Sicherheit nicht. Wer sein Geld einsetzen will, braucht Vertrauen in den Standort und das Projekt. Wodurch entsteht jedoch Vertrauen – Vertrauen, das ja selbst bereits eine immaterielle Größe ist? Politische und soziale Sicherheit, Verhandlungs- und Verständigungsbereitschaft, Toleranz und Lernoffenheit, gut ausgebildete Arbeitskräfte, eine intakte Umwelt – sie alle fördern das Vertrauen in einen neuen Standort oder ein Projekt. Und für sie alle gilt gleichermaßen, dass sie Ergebnis und Ausdruck immaterieller Wertschöpfung sind.

Ein drittes Beispiel: Alle Eltern wünschen sich, dass ihre Kinder eines Tages in der Lage sein werden, ihren Lebensunterhalt selbst zu verdienen und damit die Grundlagen für Selbstständigkeit, Familiengründung und eine glückliche Zukunft zu legen.

Warum ist Wertschätzung heute wichtig?

Ob und in welchem Maß den Kindern dies gelingt, hängt nicht zuletzt davon ab, ob sie ein ausreichendes Selbstwertgefühl und wichtige Potenziale bereits in Kindheit und früher Jugend entwickeln konnten. Wer sich selbst nicht wertschätzt, wird auch am hart umkämpften Arbeitsmarkt nicht wertgeschätzt. Wer seine Fähigkeiten nur unzulänglich entwickeln konnte, wird auch weniger Chancen haben, materielle Werte zu schöpfen. Auch hier sind immaterielle Wertschöpfungsprozesse grundlegend für erfolgreiche materielle Wertschöpfungsprozesse.

Kommen wir zur zweiten These, wonach derjenige, der materielle Werte auf Kosten der immateriellen Werte schöpft, mehr Wert vernichtet als dass er Wert schafft. Diese These ist sicherlich schwerer zu begründen als die erste. Insbesondere braucht es einen anderen, weniger kurzfristigen Blickwinkel. Wenn wir uns eine Sicht erlauben, die sich von den kurzfristigen Verwertungszyklen ablöst und der vernetzten Realität und ihrer langfristigen Wirkungen eher gerecht wird, dann können wir die Berechtigung dieser These ahnen. Der Ökonom William Kapp hat in seinem berühmten Buch *Die sozialen Kosten der Marktwirtschaft*[7] bereits vor Jahrzehnten auf die zerstörerischen Wirkungen unserer Weise des Wirtschaftens hingewiesen. Damit hat er in besonderem Maße die Ökologiedebatte beeinflusst, die in den 70er-Jahren des vorigen Jahrhunderts aufflammte. Damals hatte der ungehinderte Raubbau an den natürlichen Ressourcen von Boden, Wasser, Luft noch den Charakter eines Kavaliersdelikts: man nahm es nachsichtig zur Kenntnis.

Heute sind wir weiter: Ökologisches Management, Verursacherprinzip, internationale Klimaschutzabkommen, Umweltstandards aller Art sollen helfen, unsere Lebensgrundlagen intakt zu halten. Wir sind weiter, aber nicht weit genug, wie alle wissen. Doch wir beginnen zu ahnen, dass wir gut beraten sind,

Wertschätzung und Wertschöpfung – ein Widerspruch?

den Ast, auf dem wir sitzen, nicht abzusägen. Wer materielle Wertschöpfung individuell oder strukturell auf Kosten der natürlichen Lebensgrundlagen zerstört, vernichtet mehr Wert als er schafft. In der berühmten Prophezeiung des Häuptlings der Cree-Indianer wird diese Wahrheit zusammengefasst:

Erst wenn der letzte Baum gerodet,
der letzte Fluss vergiftet,
der letzte Fisch gefangen ist, werdet ihr merken,
dass man Geld nicht essen kann.

Gilt der Kern dieser Aussage auch im Kleinen, in einem individuellen Leben? Wer kennt sie nicht – im Märchen ebenso wie in der Realität –, die Menschen, die dem materiellen Reichtum Vorrang vor allem anderen geben? Ihr Streben und Trachten richten sich darauf, Eigentum für sich und ihre Kinder, für Macht und Ansehen anzuhäufen. Was ist daran problematisch? Geld und Gelderwerb als solche sind nicht zu verurteilen. Geld stellt eine Energie dar, die Unglaubliches im Guten wie im Schlechten bewirken kann. Die Meisterung dieses Flusses gehört zu den großen Künsten im Leben von Menschen.[8] Problematisch wird es erst, wenn Geld und Besitz über allem anderen stehen, wenn die materielle Wertschöpfung zum – selbstsüchtigen – Selbstzweck wird. Dann leidet anderes: Mitgefühl, Wohltätigkeit, Verantwortung sich selbst und anderen gegenüber. Noch bedenklicher erleben wir es, wenn solche Menschen auch noch eine Haltung des Hochmuts, der Anmaßung und der Entwertung anderen gegenüber leben – sei es gegenüber den eigenen Familienmitgliedern, gegenüber Mitarbeitern, Angestellten oder Abhängigen.

Märchen und Mythen, das heißt die kollektive Weisheit, lehren uns, was hier passiert ist: Hier wurde etwas geopfert um des

Geldes willen, meist das Herz, oft auch die Liebsten, die Tochter oder der Sohn. Wenn nicht Umkehr geschah, war die ›Seele verloren‹. Man könnte sagen: Die materielle Wertschöpfung war auf Kosten der immateriellen Wertschöpfung gelebt worden. Die Folge: Charakter, Integrität und Mitgefühl gingen verloren. Das Ende war gewiss. So berichten die Märchen und Mythen von Gram, dem Gefühl eines verpfuschten Lebens, von Hadern mit sich und der Welt, von einem eisernen Herzen, von einem schweren Sterben.

Kommen wir zur dritten These: Wer materielle Wertschöpfung unter Absehung der immateriellen Wertschöpfung betreibt, gefährdet nachhaltig unternehmerischen Erfolg (was im Übrigen auch umgekehrt zutrifft). Diese These gilt in besonderem Maße für die hoch industrialisierten Gesellschaften, in denen die Entwicklung der Produktivkräfte ein kontinuierliches Lernen erzwingt. Führungskräfte in der Wirtschaft, die meinen, kontinuierliches Lernen lasse sich verordnen, ohne die Menschen ›mitzunehmen‹, dürften enttäuscht werden. Sie werden erfahren, dass mittel- bis langfristig die qualifiziertesten und damit wertschöpfendsten Mitarbeiter und Mitarbeiterinnen dorthin wechseln, wo ihre Arbeitskraft mehr Wertschätzung erfährt. Wie die Forschung längst festgestellt hat, scheitern weit mehr als die Hälfte der unternehmerischen Restrukturierungs- und Reengeneeringmaßnahmen, das heißt sie führen nicht zu den erhofften Wertschöpfungszielen. Die Gründe des Scheiterns findet man in der Regel in Fehlern, die gegenüber den Mitarbeitern gemacht wurden. Das Betriebsklima sei nachhaltig gestört gewesen, heißt es dann; die Kommunikationskultur habe stark gelitten; die Mitarbeiter ließen die Eigeninitiative vermissen ... Wer das Betriebsklima zerstört und die Vertrauensbasis beeinträchtigt, wird kaum nachhaltige unternehmerische Erfolge erzielen können. Im Gegenteil. Es dürfte zu kontinuierlichem Krisenmanagement kommen, bis wieder eine angemessene Balance zwischen Zielen der materiellen und immateriellen Wertschöpfung gefunden wurde.

Kennzeichen erfolgreicher immaterieller Wertschöpfung in Unternehmen und Organisationen

Worin äußert sich nun eine erfolgreiche immaterielle Wertschöpfung in Unternehmen, Organisationen, Institutionen? Der Professor für Management am Massachusetts Institute of Technology in Harvard und Gründer der *Society for Organizational Learning*, Peter Senge, hat in den 90er-Jahren ein viel beachtetes Buch mit dem Titel *Die fünfte Disziplin*[9] geschrieben. Mit diesem Buch hat er Grundlagenarbeit zum Thema ›Lernende Organisation‹ geleistet. Eine lernende Organisation muss nach seiner Auffassung fünf Disziplinen beherrschen:

1. Gemeinsame Vision
2. Selbstmanagement
3. Mentale Modelle
4. Teamgeist
5. Systemisches Denken

Hinzu gekommen ist inzwischen eine weitere Disziplin:[10]

6. Presencing oder die Fähigkeit, Zukunftsentwicklungen und -potenziale intuitiv zu erspüren.

Sämtliche dieser Disziplinen zielen – so könnte man in der Sprache dieses Buches sagen – auf immaterielle Wertschöpfung. Die Beherrschung der Disziplinen soll Menschen und Organisationen helfen, selbst unter schwierigsten Bedingungen am Markt erfolgreich zu sein. Dabei geht es jedoch nach Senge nicht einfach um skills, um nüchterne Fähigkeiten, die instrumentell antrainiert werden können. Es geht vielmehr um eine Haltung, bei der das Beste und die höchsten Ideale für eine Organisation produktiv werden können: »Lernen heißt in diesem Zusammenhang [des Selbstmanagement, MvM] nicht, dass man mehr Informationen aufnimmt, sondern dass man die Fähigkeit erweitert, die Ergebnisse zu erzielen, die man im Leben wahrhaft anstrebt. Dieses Lernen ist ein lebenslanger, schöpferischer Prozess, und erst wenn die Menschen auf allen Stufen einer Organisation diese Fähigkeit beherrschen, kann eine lernende Organisation entstehen.«[11]

Eine lernende Organisation ist also eine Organisation, in der die in ihr tätigen Menschen erfolgreich immaterielle Wertschöpfung betreiben und damit die entscheidenden Grundlagen für eine erfolgreiche materielle Wertschöpfung legen.

Indikatoren für eine erfolgreiche immaterielle Wertschöpfung zu finden, ist nicht einfach.[12] Doch es ist wichtig, wenn die immaterielle Wertschöpfung in Entscheidungsprozessen auf höchster Ebene angemessen berücksichtigt werden soll. Einzelne Indikatoren sind leicht quantifizierbar, zum Beispiel Krankheitsstände und Fluktuationen; andere entziehen sich einer wirklichen Quantifizierbarkeit, wie z.B. Mitarbeiterzufriedenheit, Führungsfähigkeit, Teamgeist, Innovationsfähigkeit, Leistungsfreude und Leistungsbereitschaft oder gar Betriebsklima, das Image eines Unternehmens nach innen und nach außen und die Kundenzufriedenheit.

Doch wie auch immer man es wendet: Den Männern oder Frauen in der Leitungsebene einer Organisation oder eines Unternehmens kommt ganz besondere Bedeutung zu: »Wie der Herr, so's Gescherr« oder »Der Fisch stinkt vom Kopf her« –

sind zwei der Volksweisheiten, die die Bedeutung der höchsten Etage widerspiegeln. Charakter, Haltung, Selbstführung derer, die Verantwortung für ein Unternehmen oder eine Organisation tragen, sind die prägenden Kräfte, die sich durch alle systemischen Verästelungen hindurch auswirken. Wer als Bankenchef zur Unzeit von *peanuts* spricht oder – trotz exorbitanter Gewinne und angesichts hoher Arbeitslosigkeit – Tausende von MitarbeiterInnen entlässt, gibt nicht nur einen Ausblick auf seine Charakterstruktur. Er steht auch als Protagonist für eine unbalancierte, renditefixierte Unternehmenskultur, die dem Unternehmen und seinem Ansehen nachhaltig schaden.

Ein Modell der balancierten Unternehmensentwicklung

Balanced Score Card, kurz BSC genannt, heißt das viel beachtete unternehmerische Steuerungsinstrument, das auf Kaplan/Norton zurückgeht.[13] Es ist hilfreich, um die hier skizzierten Zusammenhänge zu verdeutlichen. Nach Kaplan/Norton müssen die einander zum Teil widerstreitenden Ziele eines Unternehmens miteinander harmonisiert werden. Dabei heben sie vier Strategiefelder hervor:

- Finanzen
- Prozesse und Produkte
- Mitarbeiter und
- Kunden

Ihre Aussage: Wenn es zu einer einseitigen Optimierung nur eines oder zweier Strategiefelder kommt, dann gerät das Unternehmen ins Ungleichgewicht. Das aber schadet mittel- bis langfristig erheblich der Wertschöpfung. Sie plädieren daher für eine balancierte Unternehmensentwicklung, die eine Integration der unterschiedlichen Strategiefelder im Hinblick auf das unternehmerische Gesamtziel oder die Vision des Unternehmens leistet. In der hier verwendeten Sprache könnte man sagen: Sie plädieren für eine Balance von materieller und immaterieller Wertschöpfung. Das nachfolgende ifpOe-Modell[14] der balancierten Unternehmensentwicklung soll zeigen, dass dies die Grundlage für nachhaltiges Wachstum ist.

Derzeit finden – angestoßen durch den Globalisierungsdruck und forciert durch die Fixierung auf den Shareholder-Value – vor allem Optimierungsprozesse im Hinblick auf Finanzen und Prozesse statt, das heißt, es wird eine klassische Optimierung der Wertschöpfung angestrebt. Betrachtet man jedoch die beiden anderen Strategiefelder – Mitarbeiter und Kunden –, so geht es dabei vorrangig um immaterielle Wertschöpfung: Kommunikationskultur, Klima, Motivation, Know-how, Vertrauen, Kundenakzeptanz und Kundenbindung. Deren Vernachlässigung bringt das Unternehmen ins Ungleichgewicht; es verliert sein Wertschöpfungspotenzial, muss erheblich nachbessern und erneut Balancen herstellen, damit sich der unternehmerische Erfolg wieder einstellen kann.

Modell der unternehmerischen Potenzialentwicklung

in Anlehnung an Kaplan/Norton Balanced Scorecard

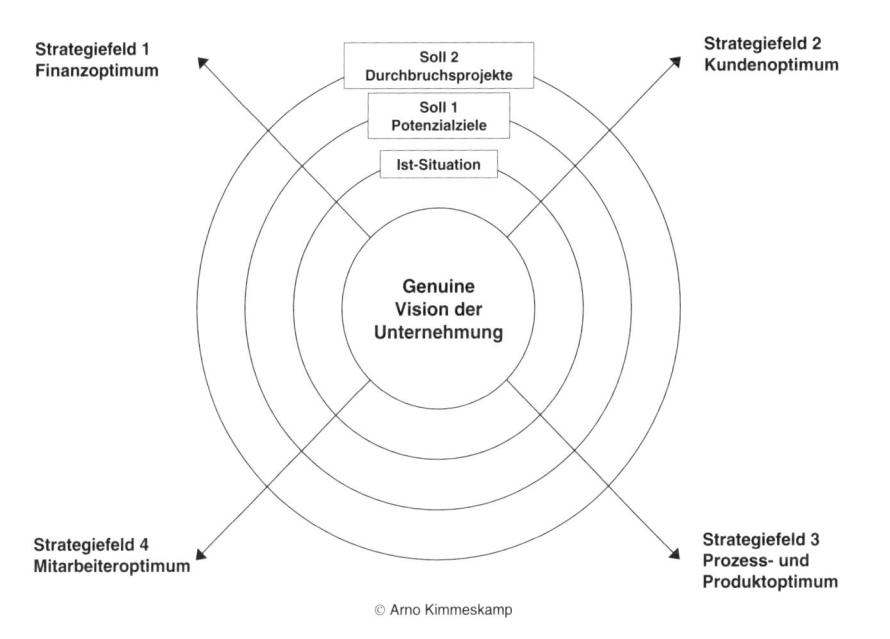

Strategiefeld 1 Finanzoptimum

Strategiefeld 2 Kundenoptimum

Strategiefeld 4 Mitarbeiteroptimum

Strategiefeld 3 Prozess- und Produktoptimum

Soll 2 Durchbruchsprojekte
Soll 1 Potenzialziele
Ist-Situation
Genuine Vision der Unternehmung

© Arno Kimmeskamp

Ausgehend von einer genuinen Vision, die das Gesamtsystem sicher trägt, werden quantitative und qualitative strategische Ziele formuliert, ausbalanciert und in operative Ziele (Potenzialziele) und herausfordernde Projekte (Durchbruchsprojekte) umgesetzt. Im Unternehmen entsteht Entwicklungsdynamik, das Management agiert aus Führung und jeder Mitarbeiter lebt Selbst- und Gesamtverantwortung. Es entsteht Wertschätzende Wertschöpfung.

Das obige Modell der balancierten Unternehmensentwicklung zeigt, dass Wachstum Balancen erfordert, wenn es nachhaltig sein soll. Auf der unternehmerischen Ebene kann Wachstum nicht ohne engagierte Mitarbeiter und interessierte Kunden entstehen. Doch ebenso wenig kann dieses Wachstum nachhaltig sein, wenn es an den entsprechenden Finanzen und an der entsprechenden Optimierung von Prozessen fehlt. Wachstum vollzieht sich nie geradlinig, sondern in Stufen. Auf jeder dieser Stufen gilt es, die Balancen wieder neu auszutarieren. Mit anderen Worten: Ein nachhaltiger Erfolg stellt sich nur ein, wenn immer wieder neu ein Gleichgewicht zwischen materieller und immaterieller Wertschöpfung gefunden wird – ganz einfach, weil sie einander bedingen.

Die zentrale Rolle der wertschätzenden Kommunikation

Kommunikation spielt die zentrale Rolle in diesem Prozess: Wenn es darum geht, unterschiedliche Interessen zu harmonisieren, dann braucht es wechselseitige Verständigung. Man stelle sich nur vor: eine Vorstandssitzung, bei der der Finanzvorstand kein Verständnis für die Anliegen des Personalvorstandes aufbringt; die Geschäftsleitung will nichts vom Betriebsrat wissen, obwohl schmerzliche Einschnitte in der Belegschaft bevorstehen; das Produktangebot soll geändert werden, doch letztlich ist man desinteressiert an den Erfahrungen von Marketing und Vertrieb. In jedem dieser Fälle kommt es zu empfindlichen Störungen im Wertschöpfungsprozess. Es entsteht ›Sand im Getriebe‹, Schadensbegrenzung muss betrieben und Geld investiert werden, um die Dinge wieder ›in Ordnung zu bringen‹.

»Der Ton macht die Musik«, lautet ein bekannter Satz. Er erinnert daran, dass wir ein sehr feines Gespür dafür haben, in welchem Geist uns Menschen begegnen. Bringen sie eine Haltung der Wertschätzung und Offenheit mit oder treten sie uns gegenüber mit Anmaßung auf, mit einem pflichtschuldigen Ritual ohne Inhalt und wirklichen Respekt oder gar mit unterschwelliger oder unverhohlener Entwertung? All dies lässt sich spüren – ohne Worte. Es teilt sich einfach mit. Wir reagieren darauf oft unbewusst, ohne uns Rechenschaft über die Gefühle abzulegen, die ein Mensch bei uns auslöst. Das geschieht überall, in der Familie, zwischen Freunden und Bekannten, wo immer wir Menschen begegnen. Und natürlich geschieht es auch im beruflichen Alltag, in dem es genauso ›menschelt‹ wie überall sonst.

Wo Verständigung in einer Haltung der Wertschätzung erfolgt, werden überraschende Ressourcen frei. Sie aktivieren verborgene Potenziale im Menschen, Fähigkeiten und Fertigkeiten werden geweckt. Die Bereitschaft wird gefördert, zu verstehen und sich zu verständigen, Kompromisse zu schließen und gemeinsam Lösungen zu finden, von denen alle profitieren. Wo hingegen Achtsamkeit und Respekt in der Kommunikation fehlen, treten belastende Störungen in der Zusammenarbeit auf. Störungen in der Kommunikation gelten deswegen heute als eine der wichtigsten Barrieren für erfolgreiche Wertschöpfungsprozesse.

Um solche Störungen zu beheben, wurden in den letzten zwei Jahrzehnten zahlreiche neue Kommunikationsverfahren der Organisations- und Unternehmensentwicklung erprobt und angewendet.[15] Sie verhelfen Menschen bei konkreten beruflichen Anliegen zu einem Mehr an Wertschätzung und Lösungsorientierung im Umgang miteinander. Alle diese Verfahren gehen von einem Menschenbild aus, in dem der Mensch als Potenzialträger bzw. Potenzialträgerin gesehen wird, das heißt gerade nicht als ein Mängelwesen, das ›repariert‹, kaltgestellt oder ausgemustert werden muss.

Die vielfach nur latent vorhandenen Potenziale werden aktiviert, indem sie kommunikativ auf gemeinsame Ziele ausgerichtet werden. Dabei wird nicht in Abrede gestellt, dass Menschen unterschiedliche Zielvorstellungen, Ideale und Persönlichkeiten mitbringen. Wo eine Haltung der Wertschätzung vorherrscht, erweisen sich jedoch Unterschiede und Vielfalt eher als eine Bereicherung denn als ein Problem. Gelingt es, diese Vielfalt in einen Dialog zu bringen, dann geschieht wechselseitiges Lernen. Zur Intelligenz der Einzelnen kommt die ›Intelligenz der Gruppe‹ hinzu. Ein innerer Raum entsteht, um einen gemeinsamen Sinn zu konstruieren.[16] Vorstellungen und Lösungen entwickeln sich, in denen das Wissen aller Beteiligten enthalten ist. Solche dialogischen Lösungen erweisen sich als nachhaltiger, weil sie – zumindest ansatzweise – vom ganzen System getragen werden. Sie befördern Vertrauen, Selbstmotivation und Selbststeuerung und reduzieren Missverstehen, Misstrauen und den Bedarf nach Steuerung und Kontrolle. Das bedeutet: Mit der Pflege der – kommunikativ vermittelten – immateriellen Wertschöpfung lassen sich entscheidende Voraussetzungen für die materielle Wertschöpfung legen.

Widerstände gegen eine wertschätzende Kommunikation

Wertschätzende Kommunikation zu leben, ist keineswegs selbstverständlich. Ganz im Gegenteil. Es gibt vielfältige Hindernisse. Äußere Hindernisse wie Globalisierungs- und Wettbewerbsdruck sind bereits erwähnt worden. Doch größer noch als die äußeren sind die inneren Hindernisse. Der wichtigste innere Feind der Wertschätzung ist die Angst. Es war Nelson Mandela, der in seiner Antrittsrede als Präsident der Südafri-

Wertschätzung und Wertschöpfung – ein Widerspruch?

kanischen Republik darauf hingewiesen hat, welche Angst dies in besonderem Maße ist:

Unsere größte Angst ist nicht, unzulänglich zu sein.
Unsere größte Angst ist, grenzenlos mächtig zu sein.
Unser Licht, nicht unsere Dunkelheit ängstigen uns
am meisten.

Wenn ich wertschätze, verbinde ich mich mit der Kraft des Herzens. Dies bewusst und für andere nachvollziehbar zu tun, ist für den rational ausgerichteten und säkularen Menschen des Westens nicht nur ungewohnt. Es ist beängstigend. Doch wenn wir eine Haltung der Wertschätzung entwickeln wollen, gilt es, diese Angst zu überwinden. Alle spirituellen Traditionen betonen: Wir können nur in der Liebe oder in der Furcht sein.[17] Wenn wir uns in Gefühle von Angst und Unsicherheit verstricken, verlieren wir die Kraft, uns selbst und andere wertzuschätzen. Es ist dann, als hätten wir den Lichtschalter verfehlt oder gar das Licht abgeschaltet.

Die Angst davor, Liebende zu sein, ist nicht das einzige Hindernis. Schlechte Erfahrungen in der Vergangenheit können uns daran hindern, eine wertschätzende Haltung zu entwickeln. Sie schlagen sich in Glaubenssätzen nieder, die unsere Wahrnehmungen prägen, unsere Gefühle modellieren und uns von der Herzenskraft abschneiden.

Auch die strukturelle Komponente spielt eine Rolle: Ein Mangel an Wertschätzung kann sich in Strukturen verfestigt haben, deren Wandel nur mit erheblicher Anstrengung gelingt. Man denke nur an die Prügelstrafe, die in Deutschland bis zum Ende des Zweiten Weltkrieges in den Schulen existierte, die Verweigerung des Wahlrechts für Frauen bis weit ins vorige Jahrhundert hinein, den ungleichen Lohn bei gleicher Arbeit für Männer und Frauen, die Diskriminierung von Minderheiten durch entsprechende Gesetze ...

Wertschätzung kollektiv und individuell zu stärken, erfordert insofern, Hindernisse aller Art zu überwinden und einen Weg der Transformation für sich, im eigenen Umfeld und organisatorisch-strukturell zu beschreiten.

Wertschätzung der natürlichen Mitwelt

Wiederaufbau oder Umkehr

Bevor wir wieder aufbauen,
müssen wir die wirklichen Ursachen für die
Flutkatastrophe finden.
Sonst wird die nächste noch größere Katastrophe kommen,
noch bevor wir mit dem Wiederaufbau fertig sind.

Jayanath Abeywickrama

Während ich dieses schreibe, liegt die Tsunami-Erfahrung des 26. Dezember 2004 erst wenige Tage zurück. Ich bin auf Sri Lanka, einem der am heftigsten betroffenen Gebiete. Die Zahl der Toten wird ständig nach oben korrigiert. Inzwischen zählt man mehr als 30 000 Opfer und annähernd eine Million Menschen, die allein auf Sri Lanka durch die Naturkatastrophe ihre Lebensgrundlage verloren haben. Ein Seebeben größter Intensität hat eine Flutwelle ausgelöst, die sich mit ungeheurer Wucht auf die Küstenlandschaft entladen hat, dabei alles mit sich reißend, was sich in den Weg stellte: Menschen, Boote, Bäume,

Häuser. Am Strand sehe ich ein Bild der Verwüstung. Ich kann nur noch ahnen, dass hier Fischerhütten standen. Die Fluten haben alles platt gewalzt. Ab und an komme ich an Feuern vorbei, in denen Gerümpel verbrannt wird. Immer wieder ragen angespülte Kleiderberge aus dem Sandstrand hervor, die träge in den Wellen dümpeln. Sie künden davon, dass hier Menschen gelebt, gelacht, geliebt und gearbeitet haben, die nun – wenn sie denn überlebt haben – sich vermutlich in einem der Tempel oder Krankenhäuser aufhalten, in denen die Obdachlosen und Verletzten Schutz finden können.

Die oben zitierten warnenden Worte von Dr. Jayanath Abeywickrama klingen in mir nach. Er ist ein außergewöhnlicher Mediziner und Ayurveda-Spezialist, der zwischen Sri Lanka und Deutschland hin und her pendelt. Statt in hektische Aktivität zu verfallen, sucht er in Meditation und Gebet nach den tieferen Ursachen dieser Krise, die mehr als fünf Millionen Menschen in Südostasien erfasst hat, und die – so steht zu befürchten – nicht die letzte ihrer Art gewesen sein wird. Und er fährt fort:

»Wir können nichts Liebevolleres, nichts Freundlicheres gegenüber dem Menschen finden als die Natur. Wenn der Mensch nicht intelligent genug ist, dies zu erkennen, muss er sich mit der Wahrheit auseinander setzen. Die Frage ist, warum war die Natur so aggressiv?«

Die Antwort sucht er weder in Büchern noch in geologischen Expertisen, sondern im Jahrtausende alten Wissen des Ayurveda, einer Heilkunst, die zahlungskräftige Touristen aus dem Westen in großer Zahl nach Sri Lanka kommen lässt. Ayurveda ist die ›Wissenschaft vom langen, gesunden und glücklichen Leben‹. Sie umfasst mehr als wohltuende Massagen und Ölbäder mit heilenden Kräutern, nach denen die vom westlichen Tempo gestressten Touristen lechzen. Es ist eine ganze Philosophie, eine Lebenskunst, die Gesundheit auf allen Ebenen lehrt – körperlich, seelisch und geistig. Sie fußt auf den Veden, dem Jahrtausende alten spirituellen Wissen Indiens, das den Rishis, den Sehern, offenbart wurde.

Die Rishis gingen von der Einheit alles Existierenden aus. In ihrer Vorstellung ist nichts tot; selbst der Stein ist lebendig – ein Wissen, das heute durch die moderne Physik bestätigt wird. Der Kosmos besteht aus einem ständigen Reigen oder – wie es in den Veden heißt: Gott Shiva tanzt die Welt in ihre Existenz. Das Formlose, ›Brahman‹, manifestiert sich als Form, als Materie, als ›Atman‹. Die ganze Schöpfung ist damit Ausdruck Gottes. Alle Materie hat eine Doppelnatur: Sie ist zugleich Geist und Materie. Als Geist ist sie formlos, als Materie ist sie Form. Diese Form entsteht bei Menschen, Pflanzen, Tieren und Mineralien aus dem Zusammenwirken der ›Elemente‹. Der menschliche Körper ist damit Natur, die sich von dem Körper der Natur nährt; beide Körper sind auf dem Körper Erde beheimatet. Wir sind in dieser Sicht Kinder der Mutter Erde, ebenso wie die Pflanzen, Tiere und Mineralien. Nach dem Tod der materiellen Form geht die Materie wieder in diesen Schoß der Natur ein, aus dem sie hervorgegangen ist, während das Formlose zur Welt des Geistes zurückkehrt, aus dem es hervorgegangen ist.

Dieses Wissen der Rishis, das in den Veden niedergelegt ist, ist zugleich die Grundlage des Ayur-Veda. Im Ayurveda, der Wissenschaft vom langen gesunden Leben, das bereits vor Jahrtausenden von Jahren entwickelt wurde, verdichteten die ayurvedischen Ärzte das Wissen, wie der Mensch in Harmonie mit der inneren und äußeren Natur leben und seine Gesundheit erhalten und fördern kann. Notwendig ist dazu, dass er die Gesetze der Natur beachtet und mit ihr kooperiert. Ein Mensch im Ungleichgewicht ist anfällig für Krankheiten. Die richtigen Balancen wieder herzustellen, ist daher das wichtigste Anliegen der ayurvedischen Medizin. Aufgrund genauer Beobachtungen fanden die Ärzte, die zugleich Weise waren, heraus, welche heilenden Wirkungen jede der Pflanzen besitzt und wie sie unsere geistige Haltung, unsere Gefühle und unseren Körper beeinflussen. Auf dieser Basis entwickelten sie Anwendungen, um ein gestörtes seelisches, geistiges oder körperliches Gleichgewicht wieder herzustellen.

Mit dieser Vorgehensweise beherrschen die ayurvedischen Ärzte eine Kunst, nach der heute auf allen Ebenen, und ganz besonders im Business, gesucht wird, die Kunst des Denkens in Zusammenhängen und der intuitiven Schau.[18] So wussten sie auch, dass die Natur sich aufbäumt, wenn sie missachtet und misshandelt wird, und dass sie umgekehrt dem Menschen alles zu geben vermag, wenn sie geachtet, respektiert und in ihrer Eigenwirksamkeit geehrt wird. Was sie herausfanden, gaben sie über Tausende von Jahren in mündlicher Überlieferung weiter.

Die Kette dieser Überlieferungen, die fast abgebrochen schien, hat eine ungeahnte Renaissance in der Gegenwart gefunden, so auch bis zu jenem Dr. Jayanath Abeywickrama, bei dem ich mich in den Tagen nach dem Tsunami aufhalte. Sein Wissen führt er in unmittelbarer Linie auf einen Weisen zurück, der vor mehr als 4 000 Jahren gelebt hat. Seine Intuition ließ ihn Ende 2003 seine Praxis an der Küste aufgeben und in die Berge ziehen, weil er eine Flut vorhersah. Am Tag des Tsunami, fern der Küste und ohne jede Mitteilung von außen, brach er spontan sämtliche Behandlungen ab, rief seine Mitarbeiter und Klienten zusammen und begann mit ihnen zu meditieren und zu beten, weil er spürte und zum Ausdruck brachte, dass eine Katastrophe im Gange sei. Seine Äußerung, man werde morgen in den Zeitungen lesen können, was passiert sei, sollte sich auf das Fürchterlichste bestätigen.

Angesichts der aktuellen Herausforderung des Tsunami möchte er seine Landsleute und mich als zufälligen Gast etwas lehren. Die längerfristige Lösung der gegenwärtigen Probleme auf seiner Insel sieht er in der Rückkehr zu der ursprünglichen sri-lankischen Tradition. Er sieht sie in einer Haltung der Achtsamkeit und Wertschätzung gegenüber allem, was existiert: gegenüber der Natur, der Erde, den Tieren, den Menschen. Für ihn ist der Tsunami eine Antwort darauf, dass die Menschen der Gegenwart, auch die Sri Lanker selbst, ihr profundes Wissen über die tiefsten Zusammenhänge des Lebens missachten. Als moderne Menschen neigen wir dazu, die natürliche Mitwelt auf ihren materiellen Aspekt zu reduzieren. Wir sprechen ihr eine geistig-spirituelle Dimension ab, gerade so, wie wir diese Dimension bei uns selbst vernachlässigen.

Dies verführt zu einer Haltung, in der wir uns gegen die natürliche Mitwelt wenden, statt mit ihr zu kooperieren. Wir ›vernutzen‹ die natürliche Mitwelt der Mineralien, Pflanzen und Tiere. Wir beuten sie als vermeintlich ›tote Materie‹ aus. Damit treten wir mental aus dem Zusammenhang heraus, der uns faktisch trägt. Wir zerstören die Lebensgrundlagen, die uns erhalten. Die Natur in ihrer schöpferischen Eigenmächtigkeit wehrt sich und wird sich immer mehr wehren, sofern wir auf dem bisherigen Weg fortschreiten. Nur wenn wir – so seine tiefste Überzeugung – die Ursachen begreifen und unsere geistige Haltung ändern, finden wir den Schlüssel, um nachhaltig Frieden mit der natürlichen Mitwelt und mit uns selbst zu schließen. Was wir in seinen Augen zu lernen haben, ist liebevolle Freundlichkeit sich selbst, anderen und der natürlichen Mitwelt gegenüber, Dankbarkeit für die Geschenke des Lebens an uns, Achtsamkeit gegenüber und Kooperation mit der natürlichen Mitwelt statt deren Ausbeutung.

Befragt von reichen Sri Lankern, wie man nach dem Tsunami den obdachlosen Fischern helfen könne, die derzeit weder über Boote noch über intakte Häfen verfügen, benutzt er daher ein drastisches Bild: Er vergleicht die toten menschlichen Körper der Fischer am Strand mit den toten Körpern der Fische, die sie Jahr für Jahr gefischt haben – ein Bild von bestürzender Ähnlichkeit. Statt ihnen erneut als Fischer Brot und Arbeit zu verschaffen, gibt er den Ratsuchenden mit auf den Weg, die Botschaft des Tsunami ernst zu nehmen. Konkret heißt das für ihn: Verzicht auf das Leben als Fischer und Umschulung zu einer anderen Arbeit, zu der nach seiner Auffassung die Insel reiche Möglichkeiten bietet. So könne man durch Pflücken und Sammeln von Pflanzen einen Beitrag zum expandierenden Gesundheitssektor leisten, ohne sich dabei weiterhin an der Natur zu versündigen.

Doch Sri Lanka hat – wie er betont – noch an anderer Stelle zu lernen. Die Rebellen in den nördlichen Provinzen der Insel gehören für ihn zu den schlimmsten Terroristen der Gegenwart. Niemand habe ihnen Einhalt gebieten können. Mit dem Tsunami seien die meisten der Camps zerstört, die Kraft der Rebellen nachhaltig geschädigt und eine Chance zum Frieden eröffnet worden. Gewalt gegen die Natur und Gewalt gegen die Menschen fließen in diesem Weltbild zusammen. Sie sind zwei Seiten einer Medaille. Als Prägestock für diese Medaille erkennt er eine materialistische Weltsicht, die zutiefst den spirituellen Traditionen Sri Lankas widerspricht. Sie führe zu ungebremstem Konsumstreben, zu einer Herrschaft der Besitzenden über die Nicht-Besitzenden und zu einer Ausbeutung der Natur, die sich hier bitter räche.

Eine Lehre für den Westen

Mit dieser Ansicht steht Jayanath Abeywickrama nicht allein. Er äußert eine in Asien weit verbreitete Meinung, die den westlichen Weg beklagt, auch dann, wenn die eigenen Landsleute ihm folgen.[19] Die Menschen Asiens waren und sind immer noch tief in spirituellen Wurzeln verankert. Deren Kernelemente sind: Wissen um die Einheit allen Lebens, eine Ausrichtung des Lebens auf geistige, nicht auf materielle Prinzipien, Achtsamkeit und Respekt für die Grundlagen des Lebens, Achtsamkeit und Respekt auch gegenüber dem tiefen Wunsch des Menschen, mit sich und der Natur in Frieden zu leben. Es ist eine Weltanschauung, die in deutlichem Gegensatz zu westlichen Werten steht, die immer mehr auf materiellen Erfolg ausgerichtet sind, mit denen Menschen zum Haben statt zum Sein erzogen werden und wo Spiritualität zunehmend den Charakter des Exotischen oder gar Gefährlichen bekommen hat.

Der materielle Erfolg des westlichen Wegs hat inzwischen weltweit Nachahmung gefunden. Vorangetrieben von der Globalisierung und den einheimischen Eliten breiten sich westliche Konsum- und Verhaltensmuster immer mehr aus. In Asien, Ländern, in denen sich die Menschen seit Jahrtausenden überwiegend vegetarisch ernährt und im Einklang mit der Natur gelebt haben, geht man zur Massentierhaltung und Fleischkost über, betreibt Hochseefischerei, folgt unserem achtlosen Umgang mit Ressourcen, rodet Tropenwälder, vermüllt seine Naturreichtümer und erliegt dem Zauber der Konsumwelten. Die Menschen verlernen rasch eine Wertschätzung der eigenen Lebensgrundlagen und der eigenen spirituellen und kulturellen Traditionen. Sie erliegen – bereitwillig oder gezwungen – den Prinzipien der einseitigen materiellen Wertschöpfung ohne Rücksicht auf die Folgen.

Sri Lanka und seine Menschen bilden davon keine Ausnahme. Geblendet von den materiellen Dingen scheinen sie die Grundlagen ihrer Jahrtausende alten Kultur ebenso zu vergessen wie die modernen Eliten in Indien, Thailand, Indonesien, China oder Japan. Mancher Westler, den es nach Asien treibt auf der Suche nach den letzten Wahrheiten des Lebens, die er oder sie in der eigenen Kultur nicht mehr zu finden scheint, stellt Überraschendes fest: Mit jedem weiteren Jahr dringt der westliche Materialismus tiefer in das kulturelle Gewebe Asiens ein und verbreitet sein schleichendes Gift in den Köpfen und Seelen der Menschen.

Dabei wirken die Medien als wichtiges Transportmittel. Medien sind Märkte, nur dass sie nicht Waren, sondern Weltanschauungen und kulturelle Identität vermitteln. Wo Medien Märkte sind, funktioniert dies nach Marktprinzipien, das heißt, die stärksten und erfolgreichsten Anbieter setzen sich durch. Das gilt für die Medienmärkte in Europa ebenso wie andernorts. Inzwischen dehnt sich ein medial transportierter Kulturimperialismus amerikanischer Prägung immer weiter aus. Seine Waffen sind Weltanschauungen, die die Menschen zum Konsum erziehen und damit helfen sollen, die Endlichkeit der Märkte zu überwinden. Dabei geschieht unversehens mehr, nämlich eine Landnahme der Seelen: Ein fundamentaler Prozess der (kulturellen) Selbstentfremdung vollzieht sich.

Ein Vergleich mag hier für die Folgen sprechen: So wie unser Superindustrialismus dazu führt, dass wir – immer noch – unachtsam Wasser, Boden, Luft und Atmosphäre zumüllen, so müllen die Medien unsere Innenwelt mit ethisch unverantwortlichen Inhalten zu. Um das Konsumsystem am Laufen zu halten, beginnt die Umziehung früh. Bereits Kleinstkinder werden ihrer innersten Natur entfremdet, indem ihre Energie auf den Besitz von Dingen ausgerichtet wird, statt sie mit derselben Energie zu einem mitfühlenden und dem Leben zugewandten Wesen zu erziehen. Das implizite Ziel des glitzernden Mediensystems der Gegenwart ist die systematische Erziehung des Menschen zum Konsumenten, die nahtlose Einpassung in eine Maschinerie, die Menschen ackern lässt, um zu *haben* und immer *noch mehr zu haben*. Haben statt Sein, Nekrophilie oder die Liebe zu den toten Dingen statt Biophilie oder die Liebe zum Leben – so nannte bereits in der zweiten Hälfte des vorigen Jahrhunderts Erich Fromm diese Haltung.[20]

Bis heute sind wir kollektiv – ausgehend vom Westen und seinem Wirtschaftssystem und kopiert auf dem ganzen Planeten – diesen Weg mit großer und sich ständig beschleunigender Geschwindigkeit weitergegangen. Der italienische Asienkorrespondent des *Spiegel*, Tiziano Terzani, hat in einem bewegenden Buch eindrücklich geschildert, welch verheerende Wirkungen diese kulturelle Überfremdung an den Menschen, den Städten und der Natur Asiens hinterlassen hat.[21] Was er beschrieben hat, ließe sich gleichermaßen über Lateinamerika oder Teile Afrikas sagen. Wir haben es mit einem generellen Phänomen zu tun: Mit einer kulturellen Überfremdung ganzer Kontinente durch ein materialistisches Weltbild, das uns im Westen Profit bringt.

Es ist paradox: Der Rationalismus des Westens meint, die Welt aus der Materie erklären und sie beherrschen zu können. Indem er das Menschsein und die Grundlagen unserer Existenz tendenziell auf die materielle Dimension reduziert, bringt er die Welt fast an den Abgrund. Doch nun braucht die westlich geprägte Welt ausgerechnet Hilfe aus der Quelle, die sie so eifrig zum Versiegen bringen wollte, aus der spirituellen. Jene Quelle lehrt, dass Frieden im Innen wie im Außen durch eine Haltung der Achtsamkeit und des Respekts gegenüber allem Existierenden erwächst, und dass es eine Einheit des Lebendigen gibt, der sich keiner entziehen kann: Alles hängt mit allem zusammen – jenes Wissen, das die moderne Physik bestätigt.[22]

Der 11. September 2001 war für viele Menschen ein Zeichen, mit dem vor allem die westliche Welt zur Umkehr aufgerufen wurde. Ohne damit die kriminellen Handlungen der Terroristen entschuldigen zu wollen, sahen viele dennoch die Ursache des Terrors vor allem in einem Versagen und in der Anmaßung des Westens gegenüber dem Rest der Welt.[23] Für einen Moment schien die tiefe Bewegung, die die Menschheit erfasst hatte, eine Chance der Umkehr zu eröffnen. Der Bildhauer und Erdheiler Marko Pogacnik sah im 11. September ein Ereignis, bei dem die Menschheit die Chance erhielt, sich wieder mit ihrer Seele zu verbinden.[24] Der Physiker Hans Peter Dürr sprach davon, dass die Welt mit diesem Ereignis an einen Chaospunkt gelangt sei, der die Chance zu einer grundlegenden Umorientierung enthalte.[25] Ich selbst habe darin eine ganz besondere Chance gesehen, den Dialog zwischen den Kulturen zu eröffnen.[26] Diese Chance – so scheint es nur wenige Jahre später – wurde unter der Ägide des amerikanischen Präsidenten George W. Bush jr. gründlich verspielt. Statt alle Ressourcen für eine Verständigung der Völker und Kulturen einzusetzen, statt auch entschiedene Schritte zum Frieden mit der natürlichen Mitwelt zu tun, werden unter Führung der USA Milliarden von Dollar in Waffen und Kriege gesteckt und vorsichtige Schritte wie das Kyoto-Protokoll zum Klimaschutz systematisch torpediert.

Der Tsunami vom Dezember 2004 könnte eine weitere Chance der Umkehr bedeuten. Aufgrund der Touristenströme zur Weihnachtszeit an die sonnigen Strände Südostasiens traf er nicht nur wie sonst immer die Armen, sondern auch einzelne Reiche aus dem Westen. Die Macht der Medien trug die Botschaft der Katastrophe in verstörenden Bildern rund um die ganze Welt. Die Vereinten Nationen reagierten mit einer Hilfsaktion bislang ungekannten Ausmaßes. Führende Politiker schalteten sich öffentlich in die Betreuung der Hilfsmaßnahmen ein, und eine Welle des Mitgefühls ging durch weite Bevölkerungskreise. Wohin dies alles längerfristig führen wird, wird sich in der Zukunft zeigen. Sind die Verantwortlichen vor Ort und wir im Westen dieses Mal bereit, die Lektion zu lernen, dass wir zu einer anderen Haltung aufgerufen sind – uns selbst gegenüber und gegenüber unserer natürlichen Mitwelt? Oder machen wir weiter wie bisher?

Damit komme ich zum Anfang dieses Kapitels zurück. Auf dem Hintergrund der Weisheit eines alten Kulturvolkes warnt uns Jayanath Abeywickrama aus Sri Lanka. Wenn wir nicht die Zusammenhänge des Lebendigen anerkennen, wenn wir nicht anders mit der Natur, der inneren wie der äußeren umgehen, dann könnten alle Wiederaufbaubemühungen vergebens sein. Dann könnte es sein, dass sich die Natur ein weiteres Mal, vielleicht noch viel heftiger wehrt, lange bevor der Wiederaufbau nach den jetzigen Verwüstungen abgeschlossen ist. Und ganz ähnlich – so ließe sich hier hinzufügen – könnte es mit der derzeitigen Art des Kampfes gegen den Terrorismus sein: Wenn wir nicht entschieden den Frieden aus einer Haltung des wertschätzenden Dialogs zwischen den Kulturen suchen, könnten alle Bemühungen um Friedenssicherung durch Terrorismusbekämpfung vergebens sein, weil die nächste noch heftigere terroristische Attacke ihr verheerendes Unheil angerichtet hat.

Fragen auf dem Weg: Wo stehe ich heute?

Mit der Haltung »Was ist, ist heilig« kann ich darauf verzichten, mich Täuschungen über den Zustand meines Lebens, meines privaten oder beruflichen Umfeldes, meiner Gesellschaft oder der Welt hinzugeben. Im Gegenteil, ich bin in dieser Haltung frei, auch Schwieriges zu sehen, ohne mich davon niederdrücken zu lassen. Wenn ich das Gegebene als eine Herausforderung annehme, statt es zu verdrängen, wachsen mir Kräfte zur Veränderung zu. Diese Veränderung beginnt bei mir selbst. Ändere ich mich, so strahlt dies ganz selbstverständlich auf andere ab.

Aus einer Haltung der Wertschätzung heraus kann ich daher fragen: Wo stehe ich, wo stehen wir heute? Gibt es für mich eine kleine Chance, mehr Wertschätzung in mein Leben zu bringen – an welcher Stelle auch immer?

Nehmen Sie sich Zeit, um sich mit einzelnen der folgenden Fragen tiefer gehend zu beschäftigen. Tun Sie dies in einer akzeptierenden Haltung sich selbst gegenüber.

- Wofür bin ich dankbar in meinem Leben?
- Wie lebe ich die Kraft meines Herzens?
- Was kann ich wertschätzen, selbst wenn es mir schwer fällt?
- Was will ich nicht wahr- oder zur Kenntnis nehmen?

- Wie gehe ich mit dem Fremden in mir um?
- Wie gehe ich mit dem Fremden in meinem sozialen Umfeld um?
- Bin ich offen für den Dialog mit dem Fremden?
- Wie übernehme ich Verantwortung für die Art unseres Zusammenlebens?

- Wie lebe und gestalte ich materielle Wertschöpfung?
- Wie lebe und gestalte ich immaterielle Wertschöpfung?
- Wie bringe ich immaterielle und materielle Wertschöpfung in Einklang?
- Leistet meine Arbeit einen Beitrag zum Wohlergehen des Ganzen?

- Wie gehe ich mit meiner natürlichen Mitwelt um?
- Welches Bild habe ich von meiner natürlichen Mitwelt?
- Wo bringe ich der natürlichen Mitwelt Achtsamkeit und Respekt entgegen?

- Welche konkreten Ansatzpunkte habe ich, mehr Wertschätzung zu leben?
- Was sind meine wichtigsten Herausforderungen hierbei – mir selbst, anderen und der natürlichen Mitwelt gegenüber?
- Was sind die ersten kleinen Schritte, mehr Wertschätzung in mein Leben zu bringen?

Wertschätzung erfahren und lernen:

Wie Wertschätzung entsteht

Wertschätzung – ein Grundbedürfnis des Menschen

Der Mensch zeigt in seinem eigenen Wesen
einen Drang in Richtung auf das immer vollere Sein,
auf die immer perfektere Verwirklichung
seiner Menschlichkeit ...

Abraham Maslow[1]

»Werde, was du bist«

Vielfältige Schulen der transpersonalen Psychologie und Psychotherapie weisen darauf hin, dass es so etwas gibt wie ein inneres Streben des Menschen. Wir haben offenbar ein unbewusstes Wissen darum, wohin wir uns entwickeln wollen. »Werde, was du bist«, lautet der programmatische Titel eines Buches des italienischen Psychosynthesetherapeuten Piero Ferrucci.[2] Auf die Formel »Sei, was du bist« bringt es der berühmte Ramana Maharshi.[3] Auch C.G. Jung, Begründer der Tiefenpsychologie, spricht von einem Prozess der ›Individuation‹, der jedem menschlichen Wesen aufgegeben ist, ein Prozess, in dem die Tiefendimension des Menschen zum Ausdruck gelangt.[4] Karlfried Graf Dürckheim, auf den die Initiatische Therapie zurückgeht, nennt diesen Prozess den »Durchbruch zum Wesen«.[5] Noch einmal der Psychologe Maslow: »Der Mensch wird letztlich nicht zur Menschlichkeit geformt oder gestanzt; man lehrt ihn nicht, menschlich zu sein ... Die Umwelt räumt ihm keine Möglichkeiten oder Fähigkeiten ein; er besitzt sie in unvollkommener oder embryonaler Form, genauso wie er embryonale Arme und Füße hat. Und ebenso sind Kreativität, Spontaneität, Selbstheit, Authentizität, Hilfsbereitschaft, Liebesfähigkeit und Wahrheitsdrang embryonale Möglichkeiten, die zu ihm als dem Mitglied einer Spezies ebenso gehören wie seine Hände und Füße, wie sein Gehirn und seine Augen.«[6]

Vertrauen wir uns diesem Entwicklungsimpuls an, so kann sich unsere innere Schönheit entfalten und nach außen sichtbar und wirksam werden. Wir können zu wahrem Menschsein reifen. Leiten uns hingegen Angst und Scham, so besteht die Gefahr, dass wir ein ›falsches Selbst‹ entwickeln. Wir modellieren uns dann zu einem Menschen, der wir im tiefsten Herzen nicht wirklich sind. Wir unterdrücken unsere Gefühle, handeln gegen grundlegende Überzeugungen und Werte. Wir legen uns eine Maske zu, bauen eine Mauer um uns selbst, gehen mit Schutzpanzern durch die Welt und bemühen uns, Rollen zu spielen, die andere von uns erwarten. Kurz: Wir büßen unsere Authentizität ein.

Warum ist das so, wenn wir doch einfach nur wir selbst sein und werden wollen?

Menschliche Grundbedürfnisse

Wer kennt sie nicht? Als Menschen fühlen wir uns gefährdet – die einen mehr, die anderen weniger. Doch keinem von uns ist die Angst fremd. Wir brauchen Nahrung, ein Dach über dem Kopf, menschliche Zuwendung. Wir sind darauf angewiesen, dass unsere vitalsten Bedürfnisse befriedigt werden. Das macht uns verwundbar, treibt uns an – bewusst oder unbewusst. Diese Ängste haben viel mit dem menschlichen Bedürfnis nach Wertschätzung zu tun.

Abraham Maslow hat herausgearbeitet, welche Arten und Ebenen von Bedürfnissen wir als Menschen haben.[7] Es ist das Bedürfnis nach:

- Nahrung und Behausung
- Sozialer Sicherheit
- Emotionaler Nähe und Einbindung
- Entwicklung der eigenen Potenziale
- (transpersonaler) Selbstverwirklichung.

Wo Menschen unter Hungersnot leiden, sind vitale Bedürfnisse des Körpers verletzt; wo Menschen vereinsamen wie die Alten in unserer Gesellschaft, bleiben emotionale Bedürfnisse nach Einbindung, Nähe und Kontakt unbefriedigt; wo Menschen – aus welchem Grund auch immer – ihre intellektuellen, musischen, logischen oder kreativen Potenziale nicht entfalten können, leiden sie seelische Not; und wo Menschen – wie im Westen überwiegend – geringe Chancen haben, mit ihrer spirituellen Natur in Kontakt zu treten, macht sich ein Gefühl des Ungenügens und der Leere breit.

Weil diese Bedürfnisse so vital sind, tun wir alles nur Mögliche, um sie zu befriedigen – oft gegen unser intuitives Wissen und gegen unsere Überzeugungen: Schon als kleine Kinder ringen wir um die Liebe der Eltern, vielfach um den Preis der Selbstverleugnung. Als Jugendliche suchen wir die Akzeptanz durch unsere Altersgenossen und Freunde und sehnen uns nach der ersten Liebeserfahrung; um sie zu erleben, sind wir nur allzu sehr bereit, alles dafür zu tun, was uns diesem Ziel näher bringt. Als junge Erwachsene verbiegen wir uns in alle möglichen Richtungen, um Einkommen und einen Arbeitsplatz zu bekommen. Haben wir ihn erhalten, so ringen wir um die Anerkennung des Chefs/der Chefin, um Aufstieg und Fortkommen. Welches vitale Bedürfnis auch immer im Spiel ist – wir neigen dazu, wichtige Werte und intuitives Wissen hintanzustellen, nur um seine Befriedigung sicherzustellen. Je gefährdeter wir uns dabei erleben, desto mehr sind wir bereit, uns innerlich zu verbiegen.

So lernen wir Menschen von früh an, grundlegende Richtungsimpulse aus dem Inneren zu überhören. Ein falsches Selbst entsteht, eine Maske, hinter der sich Angst und Einsamkeit verbergen – beim einen mehr, beim anderen weniger.

Die Macht des Unbewussten

> *Du hast nur eine Verantwortung,*
> *nämlich die deinem inneren Selbst gegenüber.*
>
> *Safi Nidiaye*[8]

Doch die Impulse, zu »werden, was du bist«, lassen sich nicht unterdrücken. Wenn sie nicht zur Kenntnis genommen werden, dann rumoren sie im Unbewussten, trüben das Wohlbefinden und drängen beständig darauf, wahrgenommen zu werden. Sie

Wertschätzung – ein Grundbedürfnis des Menschen

treten auf als Krankheit, Verlust oder Lebenskrise, die wir uns selbst geschaffen haben. Sie fordern uns wieder und wieder auf, mehr auf die Impulse aus dem Inneren zu achten, mehr zur eigenen Wahrheit zu stehen. Akzeptieren wir sie jedoch mit offenem Herzen und erkennen sie an, dann verlieren sie ihre Kraft im Unbewussten. Sie verwandeln sich in Wegweiser zu uns selbst und führen uns auf die Spur, unsere ureigenen Potenziale und unser wirkliches Selbst zu entfalten. Indem wir uns den Impulsen aus dem Inneren anvertrauen, eröffnet sich die Chance, authentisch zu sein, das heißt in Übereinstimmung mit den eigenen Gefühlen und Werten zu leben. Der natürliche Fluss der Gefühle stellt sich ein, unser Glücksempfinden wird gesteigert, und Menschen in unserem Umfeld fühlen sich wohler.

Das Wissen um solche Zusammenhänge erleichtert es zu verstehen, warum wir Menschen Wertschätzung brauchen. Wir erleben Wertschätzung insbesondere dann, wenn wir die Erlaubnis spüren, zu werden, wer wir sind. Wertschätzung hat damit zu tun, ob ich einem Menschen – nicht nur einem anderen, sondern gerade auch mir selbst – die Chance einräume, das ureigenste Wesen zu entfalten und der innersten Bestimmung zu folgen. Je nach Lebenssituation und Anlage kann dies etwas sehr Unterschiedliches bedeuten.

Sind Menschen in existenzieller Not, so heißt dies vor allem: Sie brauchen Nahrung, Kleidung und ein Dach über dem Kopf. Ein Mensch, der sich vereinsamt und isoliert fühlt, wird Wertschätzung vor allem dann empfinden, wenn ihm emotionale Zuneigung und soziale Zugehörigkeit geschenkt werden. Ein Mensch, der durch widrige Umstände daran gehindert ist, seine intellektuellen, kreativen und sozialen Potenziale zu entfalten, braucht Wertschätzung vor allem als Chance, die eigenen Potenziale besser zu erproben und zu leben. Und ein spirituell Suchender wird Wertschätzung dann erfahren, wenn er in dieser Haltung von der Umgebung respektiert und geachtet wird – selbst, wenn Gottesferne zur gesellschaftlichen Regel geworden ist.

Wertschätzung ist also mehr, als zu loben oder einem Menschen mit freundlichen Worten Anerkennung entgegenzubringen. Es ist eine Kultur der Begegnung, die von einer Haltung der Achtsamkeit des Herzens gegenüber menschlichen Grundbedürfnissen vielfältiger Art geprägt ist. Die Größe der individuellen und kollektiven Herausforderung zeigt sich immer dort, wo es besonders schwer fällt, wertschätzend zu bleiben oder zu werden, zum Beispiel im Konflikt zwischen ›Einheimischen‹ und ›Fremden‹, Arbeitgebern und Arbeitnehmern, Politikern und Bürgern, Lehrern und Schülern, Arm und Reich, Angehörigen unterschiedlicher Religionen oder auch zwischen Mann und Frau, Eltern und Kindern, Nachbar und Nachbar. In äußerster Konsequenz erstreckt sich praktizierte Wertschätzung auch auf Menschen, die zu Terroristen geworden sind. Wie der Friedensnobelpreisträger Martin Luther King immer wieder betont hat, sind ihre zerstörerischen Handlungen nicht zuletzt Ausdruck eines fehlgeleiteten Bedürfnisses danach, anerkannt, gehört und geachtet zu werden.

Eine doppelte Herausforderung

Will ich in allen diesen Fällen zu einer wertschätzenden Haltung gelangen, so stehe ich vor einer doppelten Herausforderung: Einerseits bin ich aufgerufen, mich selbst mit meinen eigenen Bedürfnissen anzuerkennen und ihnen Raum zu geben, andererseits geht es darum, mir einzugestehen, dass andere gleichermaßen Bedürfnisse haben, und dass sie in ihrer Existenz und in ihren Bedürfnissen dieselbe Wertschätzung erfahren wollen wie ich auch.

Wertschätzung – ein Grundbedürfnis des Menschen

In diesem Sinne Wertschätzung zu leben, bedeutet nicht Gleichmacherei, denn Menschen werden mit unterschiedlichen Anlagen, Fähigkeiten und Aufgaben geboren. Es bedeutet vielmehr, die Gleichwertigkeit aller anzuerkennen und aus dieser Haltung heraus einen Weg zu suchen, wie wir in Frieden miteinander in einer gefährdeten Welt existieren können. Wertschätzung ist das Tor zur friedlichen Koexistenz. Sie eröffnet uns die Chance, die unendliche Vielfalt auf diesem Globus, der unser aller Lebensraum ist, als bereichernd zu erleben, statt diese Vielfalt im Namen einer technokratischen Modernisierung einzuebnen.

Es ist eine Haltung, die aufschließt für Dialog und Verständigung. Sie macht frei, nach den so genannten Win-win-Lösungen zu suchen, das heißt Lösungen, von denen alle profitieren können und nicht nur die einen auf Kosten der anderen. Sie fordert uns beständig auf, einen Interessenausgleich zu suchen zwischen mir und dem jeweils anderen. Und das jeweils andere kann sein: eine Person, eine Gruppe, ein Land, eine Kultur, die Welt der Tiere, der Pflanzen oder der Mineralien. Wertschätzung, so verstanden und gelebt, stärkt unsere Überlebensfähigkeit und schwächt die Kräfte der Zerstörung, die uns und unseren Planeten bedrohen.

Wie sich eine Haltung der Wertschätzung entwickelt

Wie kann sich eine Haltung der Wertschätzung entwickeln? Das ist eine grundlegende Frage, wenn wir Wertschätzung lernen wollen. Alle psychologischen Schulen kommen zu dem Schluss, dass bereits in frühester Kindheit die wesentlichen Grundlagen dafür gelegt werden, wie wir Menschen uns selbst und anderen begegnen. Wie also entwickelt sich Wertschätzung? Können wir in späteren Lebensphasen überhaupt noch Wertschätzung lernen? Oder sind wir durch unsere Kindheit auf immer geprägt?

Gefühle und Verhalten werden von unserem Bewusstsein bestimmt. Unsere Sicht der Welt, die Brille, die wir auf der Nase haben, konstruiert unsere Wirklichkeit. Wenn wir gelernt haben, in jedem einen Feind zu vermuten, wird unser Denken, Fühlen und Handeln von einer Freund-Feind-Perspektive geprägt sein. Dies führt zu Konfrontation, Kampf, Ab- und Ausgrenzung. Eine ganz andere Haltung entsteht, wenn unser Bewusstsein von der Überzeugung geleitet ist, dass jeder Mensch ein Kind Gottes ist und dass jede unserer Handlungen letztlich auf uns selbst zurückwirkt. Dann werden wir eher bereit sein, im Denken, Fühlen und Handeln nach Wegen zu suchen, wie wir Konfrontation und Konflikt abbauen und dem anderen Wertschätzung entgegenbringen können. Unser Bewusstsein, das heißt unsere Brille, prägt also unser Denken, unsere Gefühle und unser Verhalten.

Unser Bewusstsein ist nichts Statisches; es verändert sich ständig. Doch seine Grundzüge haben wir in früher Kindheit entwickelt – in der Regel unbewusst. Das ist die schwierige Nachricht. Andererseits kann sich das Bewusstsein weiterentwickeln, es lässt sich verändern. Das ist die gute Nachricht. Im Bild verdeutlicht: Wir können die Brille putzen, die wir auf der Nase haben, oder gar eine andere Brille aufsetzen. Konkret: Wir können eine Sicht der Dinge entwickeln, die mehr Wertschätzung für uns selbst, für andere und unsere natürliche Mitwelt lebendig werden lässt. Wie kann dies geschehen?

Bewusstsein entwickelt sich in einem Zusammenspiel von persönlichen Anlagen und Umfeld. Die Fähigkeit zu einer wertschätzenden Haltung entwickelt sich also daraus, welche Sichtweise ein Mensch in dem Zusammenspiel von persönlichen Anlagen und den Erfahrungen entwickelt, die er/sie in seinem/ihrem Umfeld macht.

Jeder von uns bringt unterschiedliche Anlagen und Begabungen bei der Geburt mit. Da gibt es logisch-rationale und konzeptionelle Anlagen, praktische und organisatorische, kinästhetische und raumbezogene, haptische und sensitive, emotionale und empathische, musisch-kreative und intuitive. Auch die Energie, mit der ein Mensch von Natur aus ausgestattet ist, variiert. So unterscheidet Dürckheim zwischen ›Mächtigkeit, Rang und Stufe‹ von Menschen im Sinne von wesensgemäßen Anlagen, die nicht erworben, sondern bereits in das Leben mitgebracht werden.[9]

Wie sieht es nun aus mit der Fähigkeit des Menschen zu lieben und sich und andere wertzuschätzen? Ist sie dem Menschen mitgegeben, in ihm angelegt und drängt somit auf Entfaltung und Ausdruck? Diese Frage wird von den verschiedenen philosophischen und therapeutischen Schulen unterschiedlich beantwortet. Hier berühren wir den Kern eines spirituellen Weltbildes. Transpersonale Schulen der Psychologie und Psychotherapie gehen davon aus, dass der Mensch sowohl Geist als auch Materie ist, oder wie Hoimar v. Ditfurth sagt: »Wir sind Bürger zweier Welten«.[10] Die Herkunft des Menschen – das Transpersonale – weist über den Menschen als Person hinaus. Es ist der transpersonale Schöpfergeist, der alles hervorbringt. Dieser große Schöpfergeist hat in den unterschiedlichen Religionen viele Namen: Gott, das TAO, Allah. Wenn Gott, wie in den großen spirituellen Traditionen, als Liebe begriffen wird, ist die Hervorbringung Gottes, die Schöpfung, eine Verkörperung der Liebe. Dann ist der Mensch von Grund auf auch liebesfähig. Die Kraft des Herzens ist ihm/ihr mitgegeben und drängt auf Entfaltung. In den Worten der Bibel: »Es ist das Licht [in uns], das nicht unter den Scheffel gestellt werden soll«.

Im rationalistischen Menschenbild des Westens neigt man dazu, die Unterschiede zwischen Menschen vor allem durch ihre unterschiedlichen genetischen Ausstattungen zu erklären, das heißt Differenzen werden auf der molekularbiologischen Ebene verortet. Den Rest erklärt man aus Bedingungen der Sozialisation und der Enkulturation. Im asiatischen Kulturraum glaubt man hingegen, dass Menschen wiedergeboren werden und im Laufe von unzähligen Leben die Seele zum vollen Bewusstsein reift. Dieses volle Bewusstsein ist erreicht, wenn es ›erleuchtet‹ ist, das heißt, wenn die Seele ihre geistige Existenz als identisch mit Gott erfährt. Dies bedeutet, dass jede Seele auf dem Weg ist und aus ihren früheren Leben Voraussetzungen und Aufgaben mitbringt, die sie in diesem Leben ›lösen‹ will. Aus diesem ›Seins-Grund‹ erwächst die Art und Richtung der ›inneren Strebung‹. So verschieden diese Sichtweisen des Westens und des Ostens auch sein mögen – die beiden Auffassungen können, müssen jedoch nicht im Widerstreit miteinander stehen. Sie stehen dann nicht im Widerstreit, wenn die Materie als Ausdruck geistiger Prozesse begriffen wird und sich insofern geistige Voraussetzungen und Strebungen auf der molekularbiologischen Ebene ›spiegeln‹.

Doch egal, wie man es wendet: Als Menschen bringen wir unterschiedliche Anlagen mit, und diese Anlagen drängen zur

Entfaltung. So wie in einem Samen eine bestimmte Pflanze angelegt ist und in einem Tier-Embryo ein bestimmtes Tier, so bringt auch ein neugeborener Mensch Gaben mit, die sich entwickeln möchten. Im Beispiel: Habe ich eine kraftvolle Natur und einen zupackenden praktischen Charakter mitgebracht, so werde ich nur dann innere Zufriedenheit entwickeln, wenn ich mich damit gestalterisch in meinem Umfeld einbringen kann. Bin ich musisch-kreativ angelegt, so werde ich nur innerlich zur Ruhe kommen, wenn es einen Raum gibt, in dem ich diese Seiten zum Ausdruck bringen kann.

Ein Säugling und das heranwachsende Kind treffen auf eine soziale und kulturelle Umwelt. Sie prägt – vor allem in den ersten sechs Lebensjahren – ganz entscheidend, inwieweit sich diese Anlagen entfalten können. Dabei spielen die Haltung der Eltern, das Milieu, die Kultur und die äußeren Lebensumstände eine wesentliche Rolle. Idealerweise wird das Kind auf allen Ebenen liebevoll und unterstützend darin gefördert, seine Gaben zu entdecken und zum Ausdruck zu bringen. Dies gelingt immer nur ›mehr oder weniger‹. Viele Anlagen bleiben unbewusst, vielleicht weil sie nie geweckt wurden; sie schlummern vor sich hin.

Andere Anlagen hingegen drängen mit großer Kraft zum Ausdruck. Doch hier kann es passieren, dass sie abgelehnt, unterbunden oder gar bekämpft werden. In diesem Fall geschieht etwas mit der Anlage: Sie entfaltet sich nicht mehr genuin, so wie sie ›gemeint‹ war, sondern sie ›ummantelt‹ sich – wie die Psychosynthese dies nennt. Sie ›verkleidet‹ sich quasi, sucht sich eine andere Ausdrucksform, eine Form, mit der sie in dem eigenen Umfeld ›überleben‹ kann. Sie täuscht sich und andere über ihre wahre Natur. Die Psychosynthese spricht dann von einer ›Teilpersönlichkeit‹. Die machtvolle Frau, die ihre Macht nicht leben durfte, wird vielleicht zur kränkelnden Migränepatientin, die ihre Umgebung ständig auf leisen Sohlen gehen lässt; der idealistische Weltverbesserer, der zum Geldverdienen erzogen wird, wird vielleicht zum zynischen Ausbeuter; und der lebensfrohe Pragmatiker, der in klerikaler Enge gehalten wird, schafft sich möglicherweise als Aussteiger Luft, ohne seine Gestaltungsfreude je leben zu können. In allen diesen Fällen wurden wichtige Potenziale nicht so wertgeschätzt, dass sie sich genuin – das heißt so, wie sie ›gemeint‹ waren – im Leben erproben konnten. Entweder blieben sie von Anfang an unbewusst, weil sie nicht gefördert und geweckt wurden, oder sie wurden ins Unbewusste verdrängt oder abgespalten.

Eine wertschätzende Haltung zu leben, fällt umso leichter, je mehr wir selbst in dem Prozess der Entfaltung unserer Potenziale gefördert wurden und je mehr Wertschätzung wir dabei erfahren haben. Wir haben dann erlebt, dass wir so sein dürfen, wie wir sind. Wir mussten uns nicht verstellen, anpassen, ummodeln, nur um angenommen und geliebt zu werden. Wenn solche günstigen Bedingungen vorherrschen, entsteht eine natürliche Bereitschaft, anderen denselben Raum für ihre Entfaltung zu geben. Wo hingegen wertschätzende Erfahrungen fehlen, wo gar eine massive Entwertung der eigenen Anlagen und der eigenen Persönlichkeit erlebt wurde, wird ein Mangel an Selbstwertschätzung und der Wertschätzung von anderen entwickelt. Der Grund hierfür ist, dass wir nun die Kräfte, die wir eigentlich leben wollen, in uns selbst bekämpfen und ins Unbewusste abspalten. Begegnen wir ihnen dann im Außen, so lehnen wir sie genauso ab wie in uns selbst. Was wir uns selbst nicht erlauben, wollen wir auch anderen nicht zugestehen.

Die Konfrontation mit dem Unbewussten: Das Ei-Modell des Bewusstseins

Wer mehr Wertschätzung leben will, sieht sich daher vielfach unversehens mit dem eigenen Unbewussten konfrontiert. Wenn es gelingt, Blockaden auf unbewusster Ebene zu lösen, dann können die eigentlichen Potenziale freigelegt und gelebt werden. Die Energien beginnen leichter und freudiger im Innen wie im Außen zu fließen. Mitgefühl, Achtsamkeit, Respekt und Freundlichkeit stellen sich ein. Um diesen Prozess zu verdeutlichen, beziehe ich mich im Folgenden vor allem auf die Arbeiten von Roberto Assagioli, den italienischen Begründer der Psychosynthese. Assagioli (1888-1974) hat das so genannte Ei-Modell des menschlichen Bewusstseins bzw. der menschlichen Psyche entwickelt. Es ist aufschlussreich, um zu erkennen, welcher Weg zur Wertschätzung von sich und anderen führt.

Assagioli war ein Schüler von Freud, der nach dem Willen seines Lehrers die Psychoanalyse nach Italien bringen sollte. In Abkehr von Freud entwickelte er jedoch eine grundlegende therapeutische Neuausrichtung, indem er die spirituelle Dimension des Menschen berücksichtigte. Er begründete, so würde man heute sagen, eine transpersonale Therapie. Statt analytisch vorzugehen, konzentriert sich die Psychosynthese auf die Synthese seelischer Aspekte. Statt sich vorwiegend mit dem Schatten auseinander zu setzen, fördert sie auch die Kräfte des Höheren Unbewussten. Statt problemzentriert ›aufzuarbeiten‹, setzt sie vor allem auf die Kraft des Höheren Selbst und des (transpersonalen) Willens, um die Potenziale eines Menschen zur vollen Blüte zu bringen.

Schichten des Unbewussten

Roberto Assagioli unterscheidet zwischen dem bewussten Selbst bzw. ›ich‹, dem Feld der Bewusstheit, dem mittleren, dem tieferen, dem höheren Unbewussten, dem kollektiven Unbewussten und dem Höheren bzw. transpersonalen Selbst.

Das Ei-Modell von Roberto Assagioli[11]

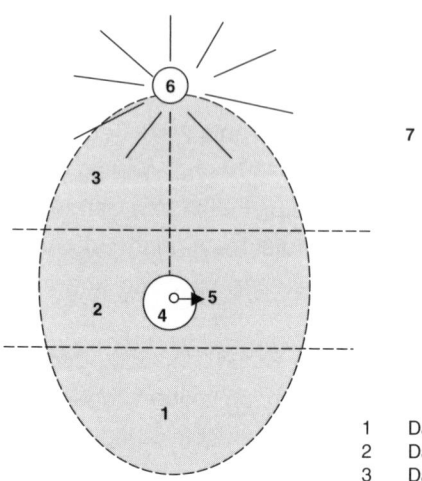

1 Das tiefere Unbewusste
2 Das mittlere Unbewusste
3 Das höhere Unbewusste
4 Das Feld des Bewusstseins
5 Das bewusste Selbst oder Ich
6 Das transpersonale Selbst oder Höhere Selbst
7 Das kollektive Unbewusste

Feld des Bewusstseins, mittleres und tieferes Unbewusstes

Im Feld des Bewusstseins findet sich alles, was ich bewusst weiß: Ich weiß zum Beispiel, dass ich eine deutsche Staatsbürgerschaft habe, Frau, Mutter von zwei Kindern, Wissenschaftlerin, Organisationsentwicklerin, Coach und Therapeutin bin. Im mittleren Unbewussten findet sich das, was ich mit einer gewissen Leichtigkeit in mein Bewusstsein holen kann. Mit einiger Konzentration kann ich mich daran erinnern, wo ich einen Schlüssel verlegt habe oder was ich mir hatte merken wollen, als ich mir einen Knoten ins Taschentuch machte. Im tieferen Unbewussten finden sich die Vitalkräfte meiner Persönlichkeit, die mir nie bewusst geworden sind, zum Beispiel weil die Lebensumstände sie nicht ans Licht gebracht haben. Hier finden sich aber auch Potenziale meiner Persönlichkeit, die ich nicht wirklich leben durfte, die sich ›verkleidet‹ haben und die als gefährlich oder traumatisch abgespalten und verdrängt werden. Was nicht leben durfte, tritt dann als unerwünschte Teilpersönlichkeit zutage. Das könnte beispielsweise der/die Neidische, der/die Gierige, der/die Gewalttätige, der/die KritikerIn sein. Die dahinter stehenden Kräfte entziehen sich dem Bewusstsein, weil sie als selbstbeschädigend oder existenzbedrohlich erlebt werden.

Das höhere Unbewusste

Auch im höheren Unbewussten finden sich Aspekte der Persönlichkeit, die noch nie entdeckt wurden oder die als bedrohlich erlebt werden. Doch es sind andere Kräfte als die im tieferen Unbewussten, weder bessere noch schlechtere. Im höheren Unbewussten verortet Assagioli die höchsten Ideale und die dem Leben zugewandten Anlagen eines Menschen, zu denen er/sie (noch) nicht bewusst Ja sagt oder die durch die Lebensumstände noch nicht aktiviert wurden, zum Beispiel Mitgefühl, Begeisterungsfähigkeit, Einsatzfreude, Achtsamkeit, Respekt, Wertschätzung, Mut, Furchtlosigkeit, Hilfs- und Opferbereitschaft,

Gleichmut. Auch sie können sich ›ummantelt‹, verkleidet haben, vielleicht weil sie im unmittelbaren Umfeld unerwünscht waren und nicht leben durften. Auch sie treten nun auf der inneren und äußeren Bühne als eine Teilpersönlichkeit auf, die den ursprünglichen Impuls verdeckt, zum Beispiel als der/die Zynische, der/die NörglerIn, der/die ›Kontrolletti‹, der/die alles im Griff haben möchte ... Wie gefährlich einem Menschen die hellen Seiten der Seele erscheinen können, hat niemand deutlicher geäußert als Nelson Mandela in seiner bereits zitierten Antrittsrede als Präsident von Südafrika: »Unser Licht, nicht unsere Dunkelheit ängstigen uns am meisten.«

Das kollektive Unbewusste

Eine besonders machtvolle Rolle spielt das kollektive Unbewusste. Es umfasst die Glaubenssätze und Annahmen, welche die Kultur, das Umfeld, das Milieu, in denen ein Mensch aufwächst und lebt, prägen. Sie teilen sich unbewusst mit; sie modellieren die Vorstellungen von Menschen und Dingen; sie prägen Menschen- und Weltbild. Dass solche Glaubenssätze existieren, wird oft erst dann erfahren, wenn sie durch äußere Umstände in Frage gestellt werden. Jede Reise ins Ausland, jede Begegnung mit anderen Kulturen, jeder Milieuwechsel stellt die bisherigen Vorstellungswelten in Frage und fordert dazu auf, das Bewusstsein zu erweitern. Lassen wir solche Erfahrungen zu und überprüfen bisherige Glaubenssätze, dann erweisen sie sich oft im wahrsten Sinne als Vor-Urteile, ohne dass man sich dessen vorher bewusst gewesen ist.

In Beispielen: Wenn ein Kind unter den afghanischen Taliban aufwächst, dann gehört der Hass auf die westliche Kultur zum prägenden kollektiven Unbewussten. Achtung und Respekt werden nur den eigenen Angehörigen entgegengebracht. Gewalt gegen das Fremde erscheint als legitim. Wenn ein Mensch dagegen in einer Bahai-Familie[12] aufwächst, so gehört es zu seinen Vorstellungen vom Leben, dass alle Glaubensrichtungen und Kulturen zu respektieren sind. Wenn ein junger Mensch in der Oberschicht aufwächst, lernt er/sie vielleicht ganz selbstverständlich, dass sich die Welt in Besitzende und Nicht-Besitzende sortiert und sie das Recht haben, zu den Besitzenden zu gehören. Wenn ein Kind dagegen in der Unterschicht aufwächst, so lernt es vielleicht von Kindesbeinen an, dass die Reichen Ausbeuter und die Armen Opfer sind.

Das transpersonale oder Höhere Selbst

Assagioli ging von der Existenz eines Höheren Selbst als der zentralen steuernden Instanz im Menschen aus. Dies macht den transpersonalen Kern seiner Theorie und Therapie aus. Das Höhere Selbst ist der göttliche Funke, der jedem Menschen innewohnt. Solange wir dessen Existenz leugnen, identifizieren wir uns mit dem ›ich‹ oder Ego. Wir meinen, selbst das Stück unseres Lebens zu schreiben. Öffnen wir unser Bewusstsein hingegen für die Existenz eines Höheren Selbst, so können wir das ›ich‹ oder bewusste Selbst unter die Führung des Höheren Selbst stellen. Der transpersonale Wille, das heißt der Wille, der über unser personales Selbst hinausweist, hilft in diesem Prozess. Assagioli spricht in diesem Zusammenhang davon, dass »ich ein Zentrum reiner Selbst-Bewusstheit bin. Ich bin ein Zentrum des Willens und fähig, meine seelischen Prozesse und meinen physischen Körper zu benutzen, zu beherrschen und in bestimmte Richtung zu lenken.«[13]

Eine Schlüsselrolle in diesem Prozess kommt also dem Willen zu. Will ich Wertschätzung lernen, so gilt es, den Willen in seinen vielen Schattierungen zu aktivieren. Mithilfe des Willens kann ich immer mehr unbewusste Anteile ins Bewusstsein heben, statt sie wie bisher abzuspalten oder im Innen und Außen zu bekämpfen. Wenn ich dabei jene Facette des Willens aktiviere, die Assagioli den transpersonalen Willen nennt, so stelle ich mich bewusst unter die Führung des Höheren Selbst und öffne mich damit für die Einheit alles Lebendigen. Wenn ich meinen Willen in diese Richtung lenke, so gewinne ich den Zugang zu einer Quelle des Bewusstseins, die mich befreit, mich so, wie ich bin, wertzuschätzen und anderen dieselbe Wertschätzung entgegenzubringen.

Wertschätzung lernen – individuell

Reifen der Persönlichkeit

Was geschieht im Einzelnen, wenn ich mich aufmache, Wertschätzung zu lernen? Wertschätzung lernen heißt, dass meine Persönlichkeit sich entwickelt, dass sie ›reift‹. Wo Reifung geschieht, erkennen Menschen abgespaltene Persönlichkeitsanteile, anerkennen sie und integrieren sie. Dies ist ein natürlicher Entwicklungsprozess. Wie Maslow schreibt, strebt jeder Mensch nach Vervollkommnung,[14] egal ob man es ›Individuation‹ (C.G. Jung) oder ›Durchbruch zum Wesen‹ (Dürckheim) nennt.[15] In der Sprache der Psychosynthese heißt dies, die Potenziale und Anlagen aus ihrer Ummantelung zu befreien, sie dem bewussten Selbst zuzuführen und sie letztlich bewusst unter die Führung des Höheren Selbst zu stellen. Was kann dies konkret heißen?

Wie sich eine Haltung der Wertschätzung entwickelt

Eine Frau, die aufgrund des prägenden Frauenbildes gelernt hat, ihre Macht abzuspalten und sich als ohnmächtig zu begreifen, lernt ihre eigene Macht zu erkennen, sie anzunehmen und zu gestalten; der idealistische Weltverbesserer, der sich bislang in Zynismus ergangen ist, findet nun den Mut, zu seinen Idealen zu stehen und verbindet fortan das Geldverdienen mit einem guten Zweck; der lebensfrohe Pragmatiker, den man zu einer angepassten bürgerlichen Existenz zwingen wollte, beendet sein Aussteigerdasein und sucht sich eine befriedigende und herausfordernde Aufgabe.

Fünf Stufen des Lernens

Wo solche Entwicklung zur Ganzheit stattfindet, unterscheidet die Psychosynthese zwischen fünf Stufen, und zwar:

- Erkennen
- Verstehen
- Akzeptieren
- Koordinieren
- Synthese

Erste Stufe: Erkennen
Nehmen wir erneut das Beispiel einer Frau, die als Anlage ein hohes Machtpotenzial mitbekommen hat und in ihrem Umfeld erlebt, dass sie dieses nicht leben darf. Ihre Impulse werden unterdrückt, und sie fühlt sich ohnmächtig. Da die machtvolle Energie damit nicht verschwindet, agiert sie ihre Macht unbewusst als Ohnmacht aus, zum Beispiel indem sie andere manipuliert und entwertet. Eine berufliche oder private Krise bringt ihr das eigene Verhalten ins Bewusstsein. Sie erhält damit die

Chance, das eigene Verhaltensmuster und ihren Mangel an Wertschätzung für sich und andere zu erkennen.

Zweite Stufe: Verstehen
Wenn sie zu einem anderen Verhalten kommen will, ist es jedoch wichtig, dass sie die tieferen Ursachen versteht, das heißt, dass sie das verdrängte Machtpotenzial erkennt. Deswegen sollte auf das Erkennen das Verstehen folgen: Was löste die manipulative und entwertende Haltung aus? Mit dieser Frage wird der Blick auf das unterdrückte Machtpotenzial frei. Weil die Frau ihre Anlage nicht leben durfte, wurde für sie die Macht zur Ohnmacht. Macht wurde von ihr in pervertierter Form als Manipulation und Entwertung gelebt.

Dritte Stufe: Akzeptieren
Der Weg der Heilung führt über das Akzeptieren. Dem Verstehen muss daher das Akzeptieren folgen. Dieser Schritt ist der wichtigste. In ihm liegt die Kraft der Verwandlung. Bevor es wieder um die Frau aus unserem Beispiel geht, zuerst einige allgemeine Bemerkungen:

Akzeptieren dessen, was ist, fällt leicht, wenn es als Glück bringend, wohltuend oder angenehm erfahren wird. Akzeptieren des Unangenehmen und Unvermeidlichen hingegen erleben wir als schwierig, ja oft als unmöglich. Das Unerwünschte konfrontiert mich mit meinen Erwartungen, meinen Hoffnungen, meinen Gedankenkonzepten und meinen Vorstellungen von dem, wie das Leben sein sollte. Davon loszulassen und sich dem Fluss des Lebens anzuvertrauen, selbst dann, wenn er mich in reißendes Gewässer bringt, will hingegen gelernt sein. Es verlangt meine Einwilligung, denn es bedeutet, Sicherheiten aufzugeben. Es verlangt von mir das Wissen darum, dass das, was ist, heilig ist – einfach, weil es genau das ist, was Gott mir in diesem

Moment für mein inneres Wachstum gegeben hat. Gestärkt werde ich in dieser Haltung des Akzeptierens durch den transpersonalen Willen. Er ist der Türhüter, der mich sicher über die Schwelle führt und mich den Raum der Verwandlung meiner Persönlichkeit betreten lässt.

Ein Bild macht dies noch deutlicher: Einen mit Luft gefüllten Ballon kann ich mit großer Anstrengung immer wieder aufs Neue unter die Wasseroberfläche drücken. Auf Dauer wird es mir jedoch nicht gelingen. Ebenso kann ich die Realität immer wieder leugnen, doch sie wird sich auf die eine oder andere Weise immer wieder zeigen: in meinen Träumen, in einer Verstimmung des Gemüts, in Ausweichhandlungen, in Süchten aller Art – Alkohol, Tabletten, Arbeitssucht, Fernsehen, Essen. Besser ist es da – im Bild gesprochen – den Ballon hochboppen zu lassen, ihn zu umarmen und sich sogar ein Stück weit von ihm tragen zu lassen. So ist es auch mit Krisen, die unsere Seele ergreifen: Wenn wir sie als gegeben akzeptieren, verlieren sie ihre Brisanz, ihre Heftigkeit, ihr Nagen im Inneren: Unsere Kraft wird frei, mit der Krise umzugehen. Die Kraft ist nicht mehr länger in dem verzweifelten Versuch gebunden, sie zu verleugnen.

Kommen wir zurück zum Beispiel einer sich bislang ohnmächtig wähnenden Frau, die ihre aus dem Bewusstsein abgespaltene Macht als Manipulation und Entwertung von anderen gelebt hat. Wenn sie den Mut hat, ihr bisheriges Selbstbild loszulassen und das zu akzeptieren, was ist, dann hat sie den Weg zur Verwandlung gefunden. Für sie geht es dabei nicht nur darum, sich ihre Macht bewusst anzueignen, das heißt das Abgespaltene anzunehmen. Es geht auch darum, all die Überlebensstrategien und all die Schmerzen, die sie sich und anderen zugefügt hat, zu akzeptieren. Akzeptieren ist jene Kraft des Herzens, die Ja sagt zu dem, was ist, ohne Groll, ohne Auflehnung – einfach annehmend.

Vierte Stufe: Koordinieren

Die Frau in unserem Beispiel darf nun lernen, ihre Macht frei von Schuld- und Schamgefühlen zu leben. Wer seine Macht annimmt, kann sie gestalten, er oder sie muss sie nicht mehr destruktiv für sich und andere ausleben. So kann sie zum Beispiel ihre Macht nutzen, um eine Haltung der Wertschätzung zu entwickeln – frei von jeder Manipulation.

Wie dies aussehen kann, lässt sich erneut am Ei-Modell des Bewusstseins von Assagioli verdeutlichen. In der Psychosynthese arbeitet man mit dem Wissen, dass sich eine unbewusste Kraft meist durch eine entgegengesetzte zweite Kraft ausgleichen lässt, wie Geiz durch Großmut, Angst durch Furchtlosigkeit, Perfektionismus durch Spielfreude, Arbeitswut durch Faulheit. Jede Kraft, die in der Psyche eines Menschen vorherrschend wird, bringt den Menschen ins Ungleichgewicht. Im Wechselspiel unterschiedlicher Kräfte kann jedoch die richtige Balance gefunden werden. So kann der Machtpol zum Beispiel durch die Kräfte der Achtsamkeit und des Respekts, des Altruismus, der Wertschätzung oder der Liebe ausgeglichen und damit gestaltet werden. Wer unterschiedliche Kräfte in sich akzeptiert und sie bewusst miteinander ins Spiel kommen lässt, dessen Kräfte können sich wechselseitig ausbalancieren und in einer harmonischen Weise im inneren Konzert der Kräfte zur Verfügung stehen.

Im Beispiel unserer Frau: Sie kann lernen, ihre Macht zu gestalten, indem sie sie mit Kräften der Wertschätzung verbindet oder sie in den Dienst einer sie begeisternden Aufgabe stellt. Die Macht verliert dann für sie ihren Schrecken. Sie erweist sich als das, was Macht letztlich immer ist – eine Energie, die für unterschiedliche Ziele und Zwecke eingesetzt werden kann, auch für das Ziel, mehr Wertschätzung in ihr eigenes Leben und in das von anderen zu bringen.

Fünfte Stufe: Synthese
Die letzte Stufe weist über unser Beispiel hinaus. Für diese Stufe gibt es in der Psychosynthese aussagekräftige Metaphern. Das Bewusstsein wird dabei oft mit einem Orchester verglichen, in dem ein Stück zur Aufführung kommen soll. Die Instrumente sind Potenziale oder Teilpersönlichkeiten (›ummantelte‹ Potenziale). Die Instrumente klingen nur dann rein, wenn sie gut gestimmt werden (wenn die Potenziale ins Bewusstsein gehoben und gestaltet worden sind). Die Einsätze (der Wille) des Dirigenten (das bewusste Selbst) sorgen für den rechten Zusammenklang der Instrumente (Potenziale); dabei müssen sich die Instrumente (die Potenziale) der Führung durch den Dirigenten/die Dirigentin (das bewusste Selbst) unterwerfen. Je präziser die Einsätze des Dirigenten sind, je reiner die einzelnen Instrumente klingen und je genauer sie auf die Einsätze des Dirigenten achten, desto besser wird die Aufführung (das Leben).

Doch der Dirigent/die Dirigentin (das bewusste Selbst) ist nicht der Komponist. Der Komponist ist, im Bild der Psychosynthese gesprochen, das Höhere oder transpersonale Selbst. Hier ist der Stückeschreiber, der Impulsgeber für das Ganze. Je genauer der Dirigent (das bewusste Selbst), darauf achtet, was der Komponist (das Höhere Selbst) zur Aufführung bringen möchte, desto mehr wird die Aufführung (das Leben) zu einem gelingenden ›göttlichen Spiel‹. Hier hat sich eine Synthese vollzogen, weil sich der Dirigent (das bewusste Selbst) vollständig auf den Komponisten (die innere Weisheit/das Höhere Selbst) ausgerichtet hat. Die Instrumente (Potenziale) kommen dann so zum Einsatz, dass die Komposition (das Lebensstück) optimal, das heißt so gespielt wird, wie Gott (der Komponist) es gemeint hat.

Ähnlich in der Metapher des Theaters: Die Rollen sind die Anlagen, der Regisseur ist das ›ich‹. Der Stückeschreiber oder

der Autor ist jedoch das Höhere Selbst, das mithilfe des transpersonalen Willens anweist, welche Schritte und Bewegungen ich auf der Bühne meines Lebens zu gehen habe.

So lässt sich zusammenfassen: Indem ich die eigenen Potenziale wertschätze, sie akzeptiere und ihnen einen Platz und ein Entfaltungsrecht in meinem Bewusstsein einräume, wird der Weg zur Wandlung frei. Statt meine Potenziale zu verstecken, darf ich sie annehmen, wertschätzen und gestalten. Das macht mich frei, auch anderen in einer wertschätzenden Haltung zu begegnen.

In einem konkreten Beispiel: Ich begegne einer jungen Frau. Sie hat seit einem Jahr massive Rückenprobleme und starke Blutungen. Nun wird sie seit zwei Wochen von aggressiven Träumen geplagt. Immer wieder tauchen Killer auf, die ein Opfer umbringen. Sie selbst erlebt sich im Traum als unbeteiligte Zuschauerin. Ihre Lebenssituation ist derzeit ungeklärt. Sie lebt in einer Lehrer-Schülerin-Beziehung, von der sie spürt, dass sie sie auflösen muss, doch sie fühlt nicht die Kraft dazu. Mit Gesprächen und inneren Bildern suchen wir nach den Persönlichkeitsanteilen, die den Killer in ihrem Traum entwaffnen können. Ein König erscheint, doch er allein kann den Killer nicht zur Vernunft bringen. Erst als der König mit Gefolge kommt, wird der Killer umringt. Die Waffe fällt und alle lachen. Nur der Killer sitzt allein auf dem Boden. Befragt, was er brauche, antwortet er: Verständnis. Dies wird ihm in der Imagination durch Berührung geschenkt. Befragt, was er zu geben hat, ruft die Frau mit einem Ausruf der Freude: Kraft!

So konnte die Frau in ihrem eigenen Bewusstsein die Kräfte entdecken, die ihr helfen, sich aus der verletzenden Bindung zu befreien. Ihre Kraft, die sie bislang nicht gelebt hatte, hatte sich im Traum als Killer ›verkleidet‹ und in etwas Bedrohliches und Zerstörerisches verwandelt; ihr Mitgefühl und Verständnis hatten sich hingegen in der Rolle des ohnmächtigen Opfers versteckt. Erst als sie das Mitgefühl befreite und dem Killer Verständnis entgegenbrachte, konnte sie zu ihrer ursprünglichen Kraft vordringen. Sie wird ihr helfen, sich aus einer für sie unhaltbaren Situation zu befreien.

Der Bogen schließt sich: Akzeptieren mit dem Herzen ist das, was ich hier Wertschätzung genannt habe. Es ist die entscheidende Voraussetzung, um angesichts von Krisen eine heilende Transformation einzuladen. Um Wertschätzung individuell zu lernen, brauche ich genau die Kraft der Wertschätzung, die ich zum Leben bringen will. Wertschätzung ist Ziel und Weg zugleich.

Wertschätzung lernen – kollektiv

Was heißt dies nun kollektiv? Individuelle Veränderungen bringen kollektive Veränderungen hervor und umgekehrt. Es ist ein sich wechselseitig bedingender Prozess: das eine geht nicht ohne das andere. Kollektiv eine Kultur der Wertschätzung zu unterstützen, verlangt Änderungen, die von der Familie über den Kindergarten bis hin zur Regierungsarbeit und zu Aktivitäten der Wirtschaft reichen. Und es verlangt vorbildliches Handeln.

›Dharma‹: Rechtschaffenheit – Righteousness

Welcher Art vorbildliches Handeln sein sollte, ist eine Frage der Ethik – eine Frage, die alle Kulturen bewegt. In der indischen Philosophie und Spiritualität spricht man in diesem Zusammenhang von *dharma*, übersetzt bedeutet das Rechtschaffenheit oder Righteousness. Eine Kultur der Wertschätzung lässt sich aus dieser Sicht nur über die Wiederherstellung des dharma erreichen. Dharma hat dabei eine doppelte Bedeutung. Es ist die ›göttliche Ordnung‹, die das Miteinander der Menschen, die gesellschaftliche Wohlfahrt und das Zusammenleben der Völker in Frieden ermöglicht. Und es ist der Aspekt des rechtschaffenen Tuns. Dharma erfüllt sich nach dieser Philosophie durch die Beachtung weiterer menschlicher Werte: Wahrheit (sathya), Friede (shanti), Liebe (prema) und Gewaltlosigkeit (ahimsa).[16] Werden diese Werte prägend für gesellschaftliches Handeln, so haben sie eine ungeheure Transformationskraft.

Ein Erziehungs- und Bildungssystem, das Menschen zur Wahrheit erzieht und Jugendlichen und jungen Erwachsenen Prinzipien der Rechtschaffenheit zu vermitteln vermag, wird Menschen hervorbringen, die sich für das Wohlergehen der Gesellschaft einsetzen. Statt zu lernen, wie man am besten die eigenen Interessen verfolgen kann, werden sie lernen, Frieden zu schaffen, indem sie sich für einen Ausgleich unterschiedlicher Belange einsetzen.

Verantwortungsträger in der Wirtschaft, die sich der Wahrheit verpflichtet fühlen, werden ›Business for Life‹ statt gegen das Leben unterstützen.[17] Sie werden sich der Wahrheit einer destruktiven, Mensch und Umwelt schädigenden Wirtschaftsweise stellen und versuchen, an ihrem Platz erste Änderungen herbeizuführen.

Politisches Handeln, das sich an Prinzipien der Wahrheit und Rechtschaffenheit orientiert, ist frei von Korruption, berücksichtigt Regeln der ›good governance‹, des ethisch verantwortlichen Regierens, ist von Mitgefühl und ausgleichender Gerechtigkeit bestimmt und unterstützt damit Gewaltlosigkeit.

Und eine Zivilgesellschaft, in der die Werte Liebe, Friede und Gewaltlosigkeit hochgehalten werden, entwickelt Respekt, Achtung und Toleranz für das Fremde. Die Vielfalt der Kulturen, der

Milieus, der Haltungen und Einstellungen wird dann erlebbar als Bereicherung statt als Bedrohung. Wege für ein friedliches Miteinander werden geebnet.

Transformationszyklus der Wertschätzung

Katastrophen wie der 11. September 2001 oder der Tsunami vom 26. Dezember 2004 fordern uns auf, eine wertschätzende Kultur des Miteinander zu entwickeln, die hilft, Frieden im Inneren wie im Äußeren zu schaffen. Akzeptieren mit dem Herzen dessen, was ist, ist der Schlüssel, um den Transformationsprozess einzuleiten. Diese tiefe und vielleicht schmerzende Akzeptanz unterstützt einen Zyklus der Heilung, nach dem sich die Menschen individuell sehnen, und den die Menschheit kollektiv braucht, um zu überleben. Die Transformation geschieht individuell, doch sie wirkt gesellschaftlich-strukturell. Indem ich als einzelnes Individuum frei werde, mich und andere wertzuschätzen, gewinne ich auch die Kraft, Strukturen hervorzubringen, die dem Leben zugewandter und damit friedensstiftender sind. Diese wiederum wirken zurück auf den Einzelnen und unterstützen ihn in einer Haltung der Achtsamkeit und des Respekts füreinander. So kann sich allmählich ein Prozess der Transformation entfalten, in dem wir das Überleben auf diesem Planeten sichern und eine neue und nachhaltige Lebensqualität gewinnen.

Das nachfolgende Modell verdeutlicht die transformierende Kraft der Wertschätzung, die auf jeden inneren und äußeren Konflikt angewendet werden kann.

Um das Modell zu lesen, kann man zum Beispiel den 11. September nehmen, bei dem die Regierenden (insbesondere der USA), vor allem eine Politik der Stärke gegen die Terroristen betrieben haben. Aus einer Haltung der Wertschätzung hätten hier die Akzente deutlich anders gesetzt werden können. Verständigungsorientierung und eine Politik des Interessenausgleichs hätten den notwendigen Maßnahmen zur Begrenzung der terroristischen Gefahren die Schärfe genommen und nachhaltige Möglichkeiten der Friedenssicherung befördert.

Transformationszyklus der Wertschätzung

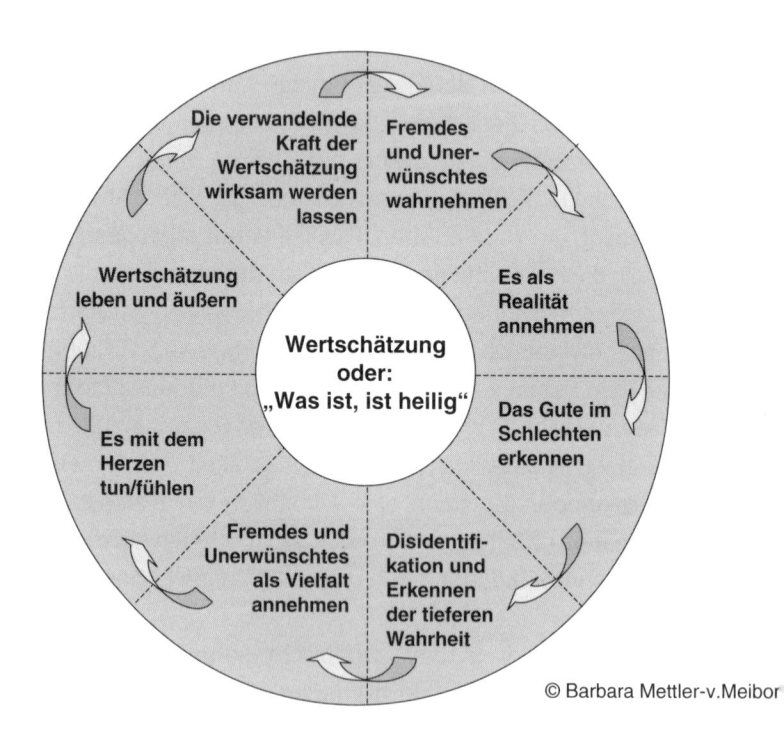

- Die verwandelnde Kraft der Wertschätzung wirksam werden lassen
- Fremdes und Unerwünschtes wahrnehmen
- Es als Realität annehmen
- Das Gute im Schlechten erkennen
- Disidentifikation und Erkennen der tieferen Wahrheit
- Fremdes und Unerwünschtes als Vielfalt annehmen
- Es mit dem Herzen tun/fühlen
- Wertschätzung leben und äußern

Wertschätzung oder: „Was ist, ist heilig"

© Barbara Mettler-v. Meibom

Fremdes und Unerwünschtes wahrnehmen: Wahrnehmen im Sinne von ›für wahr nehmen‹ hilft, Frieden damit zu machen, dass die Welt seit dem 11. September unsicherer geworden ist. Eine solche Haltung unterbindet das Schüren von Angst.

Es als Realität annehmen: Statt Handlungen aus Angst und Hilflosigkeit zu entwickeln, wird die Energie frei, um mit innerem Abstand nach angemessenen Lösungen zu suchen.

Das Gute im Schlechten erkennen: Hier hätte in der westlichen Welt die not-wendende Selbstreflexion einsetzen können. Das eigene Verhalten als strukturell und kulturell mitverursachend zu begreifen, hätte Wege zum friedlichen Miteinander und zum gezielten Interessenausgleich eröffnen können.

Disidentifikation und Erkennen der tieferen Wahrheit: Disidentifikation meint in der Psychosynthese einen Prozess, in dem Menschen begreifen, dass wir letztlich weder unsere Gedanken noch unsere Gefühle noch unsere Handlungen sind; in letzter Konsequenz ist jeder von uns ein Ausdruck des allerhöchsten Bewusstseins, ein Ausdruck Gottes. Aus dieser Haltung heraus kann auch den Terroristen Würde nicht abgesprochen werden, was den Boden zur Verständigung ebnet.

Fremdes und Unerwünschtes als Vielfalt annehmen: Wo das Fremde nicht abgespalten, sondern als Vielfalt begriffen wird, wird der Weg zur Verständigung frei. Das gilt auch für die Verständigung mit anderen Kulturen, ihren Werten, Interessen und Anliegen.

Es mit dem Herzen tun/fühlen: Eine versöhnende und friedensstiftende Kraft wird erst dann wirklich freigesetzt, wenn nicht nur rationale, kognitive Gründe einem Verhalten zugrunde liegen, sondern wenn das Herz der Vernunft den Weg weist.

Wertschätzung leben und äußern: Eine Offensive der Versöhnung und Verständigung durch Worte und Taten seitens der

Regierenden auf welcher Ebene auch immer könnte dem Terrorismus mittel- bis langfristig den Boden entziehen.

Die verwandelnde Kraft der Wertschätzung wirksam werden lassen: Die Auswirkungen einer solchen Umorientierung hätten weit reichende Frieden stiftende Folgen auf allen gesellschaftlichen Ebenen. In diesem Prozess der Veränderung kann eine Kultur der Wertschätzung entstehen, bei der man sich auch der nächsten Herausforderung des Fremden wertschätzend zuwenden kann.

Vom Ich zum Du zum Wir

Von einer Kultur der wechselseitigen Wertschätzung sind wir heute kollektiv weit entfernt. Der Nahe und Mittlere Osten ist z.B. eine eiternde Wunde im Gewebe der Menschheit. Auch der Mangel an Wertschätzung gegenüber den natürlichen Lebensgrundlagen führt zu ökologischen Verwüstungen, die auf allen Ebenen voranschreiten und der Menschheit langsam und schleichend die Lebensgrundlagen entziehen. Spitzen wir die Ursachenerforschung weiter zu: Welche geistigen Vorstellungen bewirken diesen Mangel an Wertschätzung und welche geistigen Kräfte unterstützen eine Wende hin zu mehr Wertschätzung uns selbst und anderen gegenüber?

»Alles Unglück auf dem Planeten entsteht aufgrund einer personalisierten Vorstellung von ›ich‹ und ›wir‹. Diese deckt die Essenz dessen zu, wer du bist. Wenn du dir dieser inneren Essenz nicht bewusst bist, schaffst du am Ende immer Unglück. So einfach ist das. Wenn du nicht weißt, wer du bist, schaffst du dir gedanklich ein Selbst als Ersatz für dein wunderschönes göttliches Wesen und hältst an diesem ängstlichen und bedürftigen Selbst fest. Der Schutz und die Förderung dieser falschen Vorstellung von Selbst wird dann deine wichtigste Triebkraft.«[18]

Was Eckhart Tolle hier als falsche Vorstellung bezeichnet, geht auf eine Grunderfahrung des Menschen zurück: Der Mensch erlebt sich als Körper, der von anderen Körpern getrennt ist. Dies schafft Einsamkeit. Als Mensch bin ich geboren und in das Leben ›geworfen‹. Mein Körper braucht Nahrung, Kleidung, ein Dach über dem Kopf. Irgendwann werde ich alleine sterben. Das macht mich verletzbar. Dass ich auf andere angewiesen bin, um zu überleben, fügt der Verletzbarkeit eine weitere Dimension zu. Unterstützung, Mitgefühl, Wohlwollen oder gar Liebe geschenkt zu bekommen, ist nicht selbstverständlich.

So sucht jeder von uns nach Wegen, um die Erfahrung der Trennung zu überwinden. Wir möchten erleben, dass wir geschützt, zugehörig, einbezogen, wahrgenommen werden.

Die Wege, um das Gefühl der Trennung zu überwinden, sind so vielfältig wie das Leben selbst. Es sind Wege und Irrwege. Irrwege führen mich nur noch weiter von mir fort, stoßen mich noch tiefer in die Erfahrung der Einsamkeit und der Trennung. Sie sind von der Hoffnung angetrieben, die Erlösung im Außen zu finden. Ich suche dann Bestätigung durch andere, durch die Zuwendung des/der Liebsten, durch Anerkennung und Unterstützung von Familie, Freunden, Kollegen, Chefs, Mitarbeitern... Auch Süchte können helfen, das Gefühl der Trennung und Einsamkeit zumindest zeitweilig zu verdrängen und zu überdecken: Mediensucht, Arbeitssucht, Essen, Alkohol, Tabletten, Sex ...

Wirkliche Wege helfen mir jedoch, zu den Quellen vorzustoßen, die meine Einsamkeit aus der Tiefe heraus heilen können. Hier weiß ich mich in der Fülle, nicht im Mangel. Ich werde zur

Gebenden, nicht zur Bettlerin. Ich lerne, mir selbst die Liebe und Wertschätzung entgegenzubringen, die ich vorher von anderen erhofft habe. Ich werde frei, sie den Menschen, Pflanzen und Tieren in meiner Umgebung aus der eigenen Fülle heraus zu geben. Wo ich mich an diese Quelle anschließe, verliert sich das Gefühl der Einsamkeit. Es versiegt, weil ich mich an die Liebesquelle angeschlossen habe, die nicht nur mich, sondern alles, was ist, hervorgebracht hat. Ich bin zwar immer noch allein, doch dieses Allein-Sein ist in Wahrheit ein All-Eins-Sein.[19]

Grundlagen der Einheit

Die Wurzeln dieses Denkens sind in mystischen Traditionen aller großen Religionen zu finden. Besonders deutlichen Ausdruck finden sie in den Veden, den wichtigsten Texten der indischen Philosophie und Spiritualität. Die Weisheit der Veden hat Eingang gefunden in zentrale Glaubenssätze der großen Religionen des Buddhismus, des Hinduismus, des Islam und des Christentum. Das Wissen der Veden ist geoffenbartes Wissen. Es offenbarte sich in der Inneren Schau der Rishis, Seher und Heiligen, die diese Texte vor Tausenden von Jahren niedergeschrieben haben. Es entzieht sich den Möglichkeiten des logischen Verstandes.

Sie erkannten, dass die ganze Schöpfung Ausdruck des Einen ist, das »Eine ohne ein Zweites«. Der Kosmos ist der Körper Gottes. Oder wie es in den Veden heißt: Brahman, das Schöpfungsprinzip, hat sich von sich selbst getrennt, um sich lieben zu können. Das Formlose hat sich in die Form begeben und sich als Atman manifestiert. Und dieses Atman, im Christentum würden wir sagen der Atem Gottes, durchdringt alles. Es gibt nichts außerhalb dieser Schöpfung Gottes. Denn das, was außerhalb der Schöpfung Gottes stünde, wäre ja größer und mächtiger als Gott selbst. In diesem Sinne spricht der große indische Heilige Sathya Sai Baba in einer Rede zu den Studenten des Sri Sathya Sai College for Higher Learning:[20]

»Atman, das Selbst, ist göttlich. Atman ist nichts anderes als caitanya, Bewusstsein. Dieses Bewusstsein ist überall. Es gibt keinen Platz ohne dieses Bewusstsein ... Ihr alle seid Verkörperungen des Göttlichen. Gott hat all diese verschiedenen Formen angenommen. Ihr und Gott seid Eins. Ihr seid nicht verschieden von Gott. Gott ist in euch. Ihr beide seid Eins. Erfahrt diese Einheit. Ekam tat – es gibt nur Eines. Ekam sat – es gibt nur ein Sein. Es gibt nur eine Wahrheit. Es gibt nur eine Göttlichkeit. Ihr seid die Wahrheit, ihr seid Gott. Ihr allein seid Gott, es gibt nichts darüber hinaus. Gott ist nicht von euch verschieden. Alles befindet sich in euch ... ›Ich bin Gott‹. Haltet unerschütterlich daran fest. Das wird euch die wahre Erfahrung vermitteln. Tat tvam asi – das bist du. Das ist die Essenz von Vedanta. Tat – tvam – asi – beide sind Eins. Habt die feste Überzeugung, dass ihr Gott seid.«

Wenn wir alle der Körper Gottes sind, wenn die ganze Schöpfung das Formlose ist, das Form angenommen hat, dann sind wir in der Tat alle *EINS*. Dann gibt es zwar in der Form eine Trennung, nicht jedoch in der Essenz dessen, wer wir sind. Die Form vergeht mit dem Tod. Das Formlose besteht jedoch fort.

Wenn ich mich in meiner Einsamkeit und Not mit der Form identifiziere, so kann ich das Gefühl der Trennung niemals überwinden. Verbinde ich mich jedoch mit der Essenz dessen, wer ich bin, erfahre ich mich als Teil eines lebendigen Ganzen. Ich erfahre, dass ich All-Eins bin.

Was ist die Essenz?

Gott ist Liebe und nichts anderes.
Sathya Sai Baba[21]

Mich mit der Essenz dessen verbinden, die/der ich bin, heißt also, sich mit der eigenen Liebeskraft verbinden. Ich kann dann direkt aus der Quelle das schöpfen, wonach ich vorher im Außen gesucht habe. Und ich kann aus dieser Quelle das weitergeben, wonach andere sich sehnen. Wertschätzung sich selbst gegenüber heißt damit in letzter Konsequenz anzuerkennen, dass ich eine Verkörperung der Liebe bin. Und wertschätzen von anderen bedeutet anzuerkennen, dass jede und jeder andere, jedes Lebewesen auf diesem Globus, jede Pflanze, jedes Tier und jedes Mineral, ja der ganze Kosmos eine Verkörperung der Liebe ist.

Die moderne Physik betont, dass alles mit allem zusammenhängt, dass es keine unbelebte Materie gibt und dass der ganze Kosmos aus Schwingungen besteht und einem tanzenden Reigen ähnelt. Damit nähert sie sich dem Wissen der Veden. Die alten Weisheitslehren und die moderne Physik stehen offenbar nicht mehr im Widerspruch zueinander. Nein, sie kommen, wie wir heute mit Erstaunen entdecken können, zu denselben Ergebnissen.[22] Nur unsere Sicht der Dinge und die Handlungen, die wir aufgrund unserer Sicht der Dinge vollziehen, haben diese Erkenntnis noch nicht verinnerlicht. Ob im privaten Alltag oder in der großen Politik, ob in der Wirtschaft oder in der Verbandsarbeit – unsere Vorstellungen sind immer noch vom Kampf ums Überleben der einen auf Kosten der anderen geprägt. Das Bewusstsein der Einheit fehlt. Nur manchmal scheint es in Krisenzeiten kurz aufzuscheinen.

Und doch gibt es inzwischen immer mehr Menschen, die ein Gespür für diese Einheit entwickeln. Sie suchen nach Wegen, wie wir – trotz und angesichts der Vielfalt der Interessen – zu gemeinsamen Lösungen kommen können. Sie suchen in Politik und Wirtschaft, im Alltag und im gesellschaftlichen Miteinander nach Möglichkeiten, um das Freund-Feind-Denken zu überwinden. Ihr Ziel sind Win-win-Strategien, das heißt Strategien, bei denen alle einen Gewinn haben. Was sie dagegen zu überwinden suchen, sind Win-loose-Strategien, bei denen die einen sich auf Kosten der anderen bereichern. Eine Haltung der Wertschätzung sich und anderen gegenüber ist ihre Grundlage.[23]

Frieden mit der inneren Natur zu schließen bedeutet anzuerkennen, dass sich das Liebesprinzip in mir verwirklicht hat. Frieden mit der äußeren Natur zu schließen, bedeutet anzuerkennen, dass ich mit allen in diesem Liebesprinzip verbunden bin. Wenn ich eine Haltung der Wertschätzung lebe, dann habe ich mich entschieden, dieses Prinzip mir selbst und anderen gegenüber zum Leben zu bringen – so gut mir dies gelingen mag.

Einheit auch mit der natürlichen Mitwelt

Mit allen und allem im Liebesprinzip verbunden zu sein, beschränkt sich nicht auf die menschliche Mitwelt. Es umfasst auch die Welt der Pflanzen, der Tiere, der Mineralien. Von ihr können wir viel lernen. Dazu Eckhart Tolle:[24]

»Wir hängen von der Natur nicht nur für unser physisches Überleben ab. Wir brauchen die Natur auch, um uns den Weg nach Hause zu zeigen, heraus aus dem Gefängnis unserer eigenen Gedankenwelten. Wir haben uns verirrt im Tun, Denken,

Erinnern, Antizipieren – verloren in einem Wust von Komplexität und einer Welt der Probleme. Wir haben vergessen, was Felsen, Pflanzen, Tiere immer noch wissen. Wir haben vergessen, wie es ist zu sein – still zu sein, wir selbst zu sein, dort zu sein, wo das Leben ist: hier und jetzt.«

Sich der natürlichen Mitwelt gegenüber zu öffnen und sie wertzuschätzen, ist nicht mehr einfach. Der moderne Lebensstil hat zu einer beispiellosen Entfremdung gegenüber der Natur geführt. Im westlichen Lebensalltag lässt sich die Natur weitgehend ›aussperren‹. Vom Aufstehen bis zum Schlafengehen können sich Menschen in umbauten Räumen bewegen: Von der Wohnung führt der Weg zum Auto, vom Auto in die Garage, von der Garage ins Büro und wieder zurück. Wetter und Temperatur, Luft und Wind, Licht und Sonne, Regen und Gerüche verschwinden unversehens aus dem Wahrnehmungshorizont. Die Sinne, unsere Wahrnehmungsorgane, erproben sich stattdessen an künstlichen Umwelten und technischen Artefakten.

In der heutigen Mediengesellschaft verstärkt sich dieser Trend immer mehr. Umwelten werden zu medialen Umwelten. Die Deutschen verbringen pro Tag im Durchschnitt 200 Minuten vor dem Fernseher, 500 Minuten verbringen sie insgesamt mit (Massen)Medien (Zeitung, Radio, Fernsehen und Internet).[25] Dies ist eine Durchschnittszahl, das heißt, in ihre Berechnung gehen ganz unterschiedliche Bevölkerungskreise ein: Jung und Alt, Vielnutzer und diejenigen, die Medien nur minimal nutzen oder die Mediennutzung für Unterhaltungszwecke vom Grundsatz her vermeiden. Mit anderen Worten: Für große Bevölkerungsgruppen liegt der tägliche Medienkonsum noch weit höher als die obige Durchschnittszahl erkennen lässt. Hinzu kommen die professionelle Mediennutzung mit Computer, Telefon und Handy sowie die private Nutzung dieser Medien.

Dies hat weit reichende Folgen für unsere Wahrnehmungsfähigkeit und unsere Wahrnehmungssinne. Was nicht trainiert wird, verkümmert. Das gilt für Muskeln ebenso wie für unsere Sinne. Wenn wir nicht lernen, die Natur sinnlich und mit unseren Empfindungen wahrzunehmen, dann können wir sie auch nicht kennen lernen. Wenn wir ein Leben fern der Natur, ihrer Rhythmen und ihrer Gesetze führen, fehlt uns kollektiv und individuell das grundlegendste Wissen über ihr Funktionieren, ganz zu schweigen vom Wissen um ihre Eigengesetzlichkeit. Wenn Kinder sagen: »Die Milch kommt aus dem Tetrapack« und »eine Kuh ist violett«, so wie es die Werbung eines bekannten Schokoladenherstellers glauben macht, dann sind dies nur die abwegigsten Beispiele für einen generellen Trend der Entfremdung.

Die Medien in ihren vielfältigen Ausprägungen sind also ein höchst zweischneidiges Geschenk. Einerseits erweitern sie unsere Wahrnehmungen in Raum und Zeit. Sie verschaffen uns einen Zugang zur mikroskopischen ebenso wie zur makroskopischen Welt. Andererseits entfremden sie uns unserer natürlichen Mitwelt. Die Medien wirken als Filter, hinter dem die Natur in Linsen, Monitoren, in Computerkonsolen und Mikrofonen verschwindet.[26] Wie es um die Natur tatsächlich bestellt ist, bricht dann unvermittelt in unsere Wahrnehmungen ein: als El Niño, als Tsunami, als Erdbeben, Abschmelzen der Polkappen, Umkippen von Gewässern, Versteppung und Verwüstung. Doch dies sind rückblickende Wahrnehmungen. Das Presencing, das Vorherahnen, worin alte Natur- und Kulturvölker noch Meisterschaft besaßen, kann nicht stattfinden. Die entsprechenden Wahrnehmungsorgane wurden nicht entwickelt. Bei solcher Verkümmerung und Abstumpfung unserer Wahrnehmungssinne und -fähigkeiten kann schwerlich eine Wertschätzung der natürlichen Mitwelt entstehen.

Wo und wie also kann es zu einer Änderung kommen? Wie können wir lernen, die natürliche Mitwelt, die Welt der Pflanzen, der Tiere und der Mineralien, die Kräfte des Windes, des Feuers und des Wassers – wieder – wahrzunehmen und sie in den Raum unserer Wertschätzung einzubeziehen? Der schwierige Weg ist der Weg der Katastrophen: Ein Tsunami weist auf einen Schlag Millionen von Menschen auf eine Wahrnehmungslücke hin, und einige wenige verstehen die Botschaft.

Der weniger leidvolle, aber langwierigere Weg ist, wenn wir den Raum unserer Wahrnehmungen bewusst korrigieren und uns – wieder – für die Natur in ihrer Größe und Majestät, ihrer grenzenlosen Vielfalt und schöpferischen Kraft öffnen. Er setzt voraus, dass wir kollektiv und individuell den Focus unserer Wahrnehmungen verändern wollen. Entwickeln wir eine Haltung der Wertschätzung gegenüber der Natur, so sind wir in der Lage, unsere Wahrnehmungsbrillen bewusst zu putzen und Erfahrungen mit der natürlichen Mitwelt in unseren Alltag einzuladen. So kann eine Verfeinerung aller unserer Wahrnehmungssinne entstehen, was einen sparsameren Gebrauch von Medien voraussetzt.[27] Wenn wir uns der Natur aussetzen, ihr zuhören und offen sind, von ihr zu lernen, begreifen wir nicht nur die Einheit alles Lebendigen, sondern wir legen auch Grundlagen dafür, mit ihr zu kooperieren. Je früher dies geschieht, je mehr die Wahrnehmungsorgane bereits von Kindesbeinen an trainiert werden, desto ›spüriger‹ wird ein Mensch. Die Natur offenbart sich dann in ihrer ganzen Fülle; sie ist ein Buch, in dem wir lernen können zu lesen.

Was heute vielleicht utopisch klingen mag – zumindest für Menschen im Westen –, könnte gleichwohl bittere Notwendigkeit werden. Auf Sri Lanka diskutiert man nach dem Tsunami vom Dezember 2004, wie man in zukünftigen Zeiten verhindern kann, dass Menschen an den Küsten erneut von Wasserfluten überrascht werden. Die Hoffnungen richten sich auf technische Frühwarnsysteme, mit deren Hilfe man Menschen, die in kleinen Dörfern, Buchten und Siedlungen verstreut leben, rechtzeitig erreichen möchte.

Dies könnte ein illusorisches Unterfangen sein. Wenn man stattdessen Menschen darin unterstützt, wieder besser auf die Signale der Natur zu achten, hilft man ihnen vermutlich weitaus mehr: auf die Stimmen der Tiere, auf ihr Verhalten, auf ein Meer, das sich unmittelbar vor der Flutwelle auf ungewohnte Weise weit von der Küste zurückzieht ... Wenn Menschen wieder lernen – was früher selbstverständlich war –, auf solche Signale zu achten und sie zu verstehen, dann fällt es ihnen auch leichter, angemessen darauf zu reagieren. Ein neugieriger Gang in Richtung Meer, um die Krebse zu sammeln, die das zurückweichende Wasser kurz vor der großen Welle freigegeben hat, dürfte sich dann ganz selbstverständlich verbieten. Und vielleicht wird bei solch intensiverem Einstimmen auf den Dialog mit der Natur auch der Weg frei für mehr Respekt und Achtung vor ihren Eigengesetzlichkeiten. »Man sieht nur mit dem Herzen gut«, so die Aussage des Kleinen Prinzen von Antoine de Saint-Exupéry. Oder: »Nur was ich liebe, kann ich erkennen«. Wenn wir Menschen wieder lernen, die Natur zu erkennen, dann haben wir auch damit begonnen, sie in den Raum unserer Wertschätzung einzubeziehen.

Fragen und Übungen: Wo erfahre und lebe ich Wertschätzung?

Wer Wertschätzung in seinem Leben einen wichtigen Platz einräumen möchte – gebend wie empfangend –, kann dies, indem er oder sie sich persönlich dafür entscheidet und den eigenen Willen aktiviert: Ich entscheide mich, mich und andere mehr als bisher wertzuschätzen. Dabei erweitert sich der Blick und die bewusste Wahrnehmung vom Ich zum Du und vom Du zum Wir.

Das ist eine schwierige Aufgabe. Sie wird erleichtert, wenn ich mich auch an den kleinen Erfolgen freue. Statt das Vorhaben als Ganzes abzulehnen, weil es angeblich zu schwierig sei, lässt sich so ein langsames Fortschreiten zu einer wertschätzenderen Haltung entwickeln. Die folgenden Fragen können Sie sich sowohl für Ihren privaten als auch für Ihren beruflichen Alltag oder Ihr Leben in der Gesellschaft stellen. Nehmen Sie sich Zeit, um die Fragen in Ruhe zu beantworten!

Die gewünschte Zukunft ist schon da!

- Wo lebe ich bereits heute Wertschätzung mir selbst und anderen gegenüber
  - in meinem privaten Alltag?
  - in meinem beruflichen Alltag?
  - in meinem Alltag als Bürger/Bürgerin?

Wertschätzung drückt sich aus:

- Wie gebe ich meiner Wertschätzung Ausdruck?
- Welche Wirkung ruft meine wertschätzende Haltung in meiner Umgebung hervor?
- Wie wirkt sie auf mich zurück?

Fragen und Übungen: Wo erfahre und lebe ich Wertschätzung?

Das ›Juwel‹ meiner Erfahrungen mit Wertschätzung

- Welches ist die schönste und bereicherndste Erfahrung gewesen, die ich aufgrund meiner wertschätzenden Haltung gemacht habe?
- Was war das Besondere in dieser Situation?
- Wie habe ich mich dabei gefühlt?
- Wie haben andere sich dabei gefühlt?
- Was hat diese Erfahrung in meinem Leben bewirkt?
- Was kann ich aus dieser Erfahrung lernen?
- Wie kann ich eine ähnliche Erfahrung wieder möglich machen?
- Erzählen Sie diese Erfahrung einem anderen Menschen als ein ›Juwel in ihrem Leben‹!

Auch mir wird Wertschätzung entgegengebracht:

- Wo erfahre ich Wertschätzung durch andere?
- Was bedeutet sie für mich?
- Wie fühle ich mich damit?
- Was bewirkt sie bei mir?

Wertschätzung gegenüber der natürlichen Mitwelt:

- Wo und wie erfahre ich die Welt der Pflanzen, Tiere, Mineralien?
- Auf welche Dienste der Natur erstreckt sich meine Wertschätzung?
- Wie kann ich meine Wahrnehmungen und meine Sinne für die Sprache der Natur öffnen?

Herausforderungen für die Zukunft:

- Wo bringe ich meine Wertschätzung (mir selbst, anderen oder der natürlichen Mitwelt gegenüber) noch nicht genug zum Ausdruck?
- Was könnte der erste kleine Schritt sein, um dies in Zukunft zu ändern?
- Setzen Sie Ihren Willen ein, um diesen ersten kleinen Schritt zu tun!
- Überprüfen Sie Ihre Schritte und feiern Sie Ihre kleinen und größeren Erfolge!

Wertschätzung ausdrücken:

Wie Wertschätzung lebendig wird

*Menschen wissen innerhalb
einer Nanosekunde, ob Liebe im Spiel ist.*

Jack Hawley

Kennen Sie das? Sie schauen in die Augen eines Menschen – es kann ein wildfremder Mensch sein – und schon fangen Sie an zu strahlen! So geht es mir oft in Asien, wo die Menschen ihren Gefühlen unvermittelter Ausdruck geben. Auch Kinder können die Tore zu ihrer Seele noch weit aufmachen, ohne Scham, man könne sie missverstehen. Wo dies geschieht, fangen die Umstehenden gleich mit an zu strahlen. Es ist, als erhielten sie die Erlaubnis, wie die Kinder zu sein und ihre Herzen zu öffnen.

Solches Aufmachen der Herzenstüren ist rar. Es hat in unseren Breitengraden Seltenheitswert. Furcht hat sich irgendwann eingeschlichen, die den freien Fluss der Gefühle behindert. Man hat gelernt, sich hinter einer Maske zu bewegen, die Schutz gibt vor dem Ausdruck unliebsamer Gefühle. Als eine junge hoch begabte Frau sich für eine Personalentwicklungsstelle bewarb, wurde ihr signalisiert, sie sei sehr geeignet, aber ihr Gesichtsausdruck sei noch nicht ›professionell‹ genug. Die Maske war offenbar noch nicht genügend aufgebaut.

Gefühle lassen sich dadurch verbergen, dass sie abgeschnitten werden. Man sagt dann, »jemand ist ganz im Kopf«. Die Gefühle drücken sich weiterhin jenseits der Sprache aus, zum Beispiel durch Körperhaltung, Stimme und Gesichtsausdruck. Doch es ist, als wäre ein Deckel auf dem Gefühlsausdruck, der verhindert, dass zu viel sichtbar wird. Und fast noch gravierender: Wenn alle Aufmerksamkeit im Kopf ist, nimmt man die eigenen Gefühle gar nicht wahr. Die Gefühle sind da, doch sie sind ins Unbewusste abgespalten oder verdrängt. Sie zu leugnen, ist dann nur noch ein kleiner Schritt.

Gefühle können etwas sehr Bedrohliches haben. Wenn mich Zorn, Neid, Angst, Gier, Groll, Eifersucht oder blanke Aggression umtreiben, dann ist es für mich und andere hilfreich, solche Gefühle unter Kontrolle zu halten und sie gerade nicht auszudrücken. Wie aber steht es mit den Gefühlen der Wertschätzung, des Mitgefühls, der Achtsamkeit und Liebe? Sie frei auszudrücken, erlauben sich nur wenige Menschen. Erinnern wir uns an die Aussage von Nelson Mandela: Nicht unsere Schattenseiten machen uns am meisten Angst, sondern unsere hellen, lichten Seiten, unsere Liebeskraft und die göttliche Macht, die jedem Menschen zu Eigen ist.

Wie also kann es gelingen, solche Gefühle zum Ausdruck zu bringen und sie in unserer Kommunikation lebendig werden zu lassen? Das ist das Thema dieses Kapitels. Eine Haltung der Wertschätzung hat erst dann transformierende Kraft, wenn sie sich mitteilt, das heißt, wenn sie geteilt wird. Sie muss energetisch ausstrahlen. Erst dann kann ihre verändernde und heilende Kraft nach innen und nach außen wirken. Dies gilt auf beiden Ebenen: in der Beziehung zu mir selbst und in der Beziehung zu dem oder den anderen – wer und wo auch immer sie sein mögen.

Wertschätzende Begegnung mit mir selbst

Nehmen Sie sich zuerst selbst an.
Wenn Sie sich nicht annehmen und sich einbilden,
ein anderer zu sein,
entsteht ein Konflikt zwischen dem,
was Sie zu sein glauben,
und dem, was Sie wirklich sind.

Swami Prajnanpad

Das Horchen nach innen

Medien sind unsere ständigen Begleiter geworden. Sie stehen uns von der Wiege bis zur Bahre ständig zur Verfügung, wie ein voll gedeckter Tisch, der unablässig zum Essen auffordert. Die Welt kommt durch Medien zu uns, und wir gehen mit Medien in die Welt – mittels Handy, Telefon und Laptop, Radio, Fernseher, Camcorder, Digitalkamera, Gameboy, Blackberry.

Solche Erreichbarkeit mithilfe der Medien und für die Medien hat eine Schattenseite: Sie unterbindet die Kommunikation nach innen. Wir werden für alle zu jeder Zeit erreichbar, nur nicht mehr für uns selbst. Wir lassen uns überschütten mit Reizen – nicht zuletzt, um unsere Einsamkeit zuzudecken – und werden empfindungslos uns selbst gegenüber.[1] Es ist, als würde man einen Computer ständig mit neuen Daten füttern, ohne sich um ihre Verarbeitung zu kümmern.

Zwanzig Minuten Pause

Um zu »werden, wer wir sind« brauchen wir Kontakt mit unserer Innenwelt. Ernesto Rossi hat in einem Buch mit dem Titel *20 Minuten Pause* auf einen interessanten Rhythmus im Menschen hingewiesen.[2] Aufgrund zahlreicher Studien hat man herausgefunden, dass Menschen generell einen Leistungszyklus von 60 bis 90 Minuten haben. Danach sinken Aufmerksamkeit, Konzentrations- und Leistungsfähigkeit drastisch ab. Nach ca. 20 Minuten steigen sie wieder an, und das nächste Leistungshoch beginnt. Die Wissenschaftler haben dies den Ultradianzyklus genannt. Sie haben ihm ein erhebliches Interesse entgegengebracht, weil es Berufe in Risikobereichen gibt, bei denen ungeteilte Aufmerksamkeit gefordert ist.

Was als zwanzig Minuten Pause auf der Leistungsebene angesehen werden kann, ist jedoch alles andere als Nichtstun. In dieser Phase wendet sich die Aufmerksamkeit nach innen. In der Computersprache könnte man sagen: Es findet ein Abgleich mit dem internen Speicher statt. Anders formuliert: Die Erfahrungen der vorangehenden Zeitphase werden nunmehr eher unbewusst als bewusst verarbeitet. Sie werden in der eigenen Persönlichkeit gespiegelt: mit dem eigenen Empfinden, dem bisherigen Erleben, den eigenen Wünschen, Zielen, Sehnsüchten. Bezogen auf das Ei-Modell des Bewusstseins der Psychosynthese findet in dieser Phase eine Kommunikation mit verschiedenen Ebenen statt: mit den Tiefenschichten des Unbewussten, mit dem, was ins Bewusstsein drängen will und mit dem Höheren Selbst.

Wir können unschwer erkennen, wenn Menschen es zulassen, in diese Phase der inneren Arbeit einzutreten: Der Blick wird ein wenig getrübt; er verliert seine Zentrierung; die Aufmerksamkeit ist von der Umwelt abgezogen. Wer die Möglichkeit hat, sich kurz hinzulegen, kann eine Halbtrance erleben. Dabei handelt es sich um einen Zustand, der energetisch auf einer anderen Schwingungsfrequenz beruht. Wer sich diese Erfahrung gönnt, kann schnell feststellen, dass die Leistungs- und Konzentrationsfähigkeit anschließend wieder deutlich ansteigt. Ein Gefühl der Frische und der Ausgeruhtheit stellt sich ein, und die Freude an der Arbeit kehrt zurück.

Unsere Arbeitswelt ist von extremer Zeitverdichtung gekennzeichnet. Zwanzig Minuten Pause unter solchen Bedingungen einzulegen, ist alles andere als selbstverständlich. Rationalisierungsprozesse und Arbeitsverdichtung sorgen dafür, dass sämtliche Zeitnischen im Arbeitsprozess wegrationalisiert werden. Für bewusste oder unbewusste Pausen besteht daher wenig Raum. Dennoch macht uns der Körper auf die Notwendigkeit dieser ›Arbeit nach innen‹ aufmerksam: durch Konzentrationsverlust, Fehler, kleine Ungeschicklichkeiten, Vergessen, Verstimmung. Wenn wir diese Zeichen hingegen beachten (können), so haben wir die Chance, die Aufmerksamkeit nach innen zu richten und daraus Kraft und Orientierung zu gewinnen.

Ganz anders ist es, wenn man die Signale des Körpers überhört und übersieht. Für eine gewisse Zeit lassen sich die Notwendigkeiten, die wir körperlich-seelisch-geistig haben, überwinden. Man kann den Körper sogar ein Stück weit ›betrügen‹. Ein Verzicht auf die notwendige Pause führt zur Ausschüttung von Hormonen, die einen erneuten Leistungsanstieg ermöglichen. Doch mittel- oder langfristig fordert das System seinen Tribut. Übergehen wir die Signale, so stellen sich Stresssymptome ein. Je länger wir unachtsam sind, desto mehr entwickeln wir psychosomatische Symptome, die auf die Missachtung der körpereigenen Zyklen zurückgehen. In letzter Konsequenz entstehen massive psychosomatische Störungen wie Magengeschwüre, Verstopfung, Atembeschwerden, Schulter-Arm-Syndrom, Burnout – um nur einige zu nennen. Dies geschieht besonders schnell, wenn nicht nur tagsüber die Signale des Körpers überhört werden, sondern auch auf abendliche oder wöchentliche Ruhezeiten verzichtet wird, zum Beispiel durch intensiven Fernsehkonsum, durch Konflikte im privaten Alltag oder durch suchtartigen Gebrauch von Alkohol, Essen oder Drogen aller Art.

Das Wechselspiel zwischen Außenwelten und Innenwelten

Offenbar brauchen wir also neben der Erreichbarkeit für alle Arten von Anforderungen, die von außen auf uns einstürmen, auch so etwas wie eine Erreichbarkeit für unseren Innenraum. Wir brauchen den Dialog mit unseren Innenwelten. Die verschiedenen Erreichbarkeiten stehen dabei in einem unmittelbaren Widerspruch zueinander: Wenn ich im Außen erreichbar bin, so leiden die Möglichkeiten für einen Dialog nach innen.[3] Paulo Coelho hat dies in die Metapher einer kleinen Geschichte in seinem Buch *Der Alchimist* gekleidet:[4]

Ein Jüngling zieht aus, um das Geheimnis des Glücks zu erfahren. Er wird zu einem bedeutenden Weisen geschickt, der in einem prachtvollen Anwesen wohnt. Da dieser keine Zeit hat, um sich gleich um den Jüngling zu kümmern, lädt er ihn ein, das Anwesen zu besichtigen. Doch er gibt ihm einen Löffel mit auf den Weg, auf den er zwei Tropfen Öl träufelt, die er auf seinem Weg nicht verschütten soll. Als die beiden wieder zusammentreffen, stellt der Weise fest, dass der Jüngling zwar die zwei Tropfen Öl sicher zurückgebracht hat, jedoch von dem Anwesen nichts gesehen hat. So wird er erneut losgeschickt. Doch während er dieses Mal das Anwesen in seiner Schönheit studiert, verschüttet er die beiden Tropfen, ohne es zu merken. ›»Also, dies ist der einzige Rat, den ich dir geben kann‹, sagte der Weiseste der Weisen. ›Das Geheimnis des Glücks besteht darin, alle Herrlichkeiten dieser Welt zu schauen, ohne darüber die beiden Öltropfen auf dem Löffel zu vergessen.‹«

Das Bild zeigt die beiden Ausrichtungen unserer Aufmerksamkeit: einerseits auf die Welt (das Anwesen) und andererseits nach innen (die Tropfen Öl). Zugleich enthält es eine Belehrung, die weit über die Forderung hinausgeht, regelmäßige Pausen für einen Dialog nach innen zu machen. Ginge es nur um die Einhaltung von Pausen, dann hätte der Jüngling seine Aufmerksamkeit abwechselnd auf die Entdeckung der Welt und auf die beiden Tropfen richten können. Hier wird das Unmögliche gefordert, das zugleich der Schlüssel zum Glück ist: die schwebende Aufmerksamkeit, die gleichzeitig nach außen und nach innen gerichtet ist. Warum ist sie so wichtig?

Ausrichten auf die innere Weisheit

Der Dialog nach innen ist unverzichtbar, um Orientierung aus der eigenen tiefen Weisheit zu finden. Jene tiefere Weisheit nennt die Psychosynthese das ›Höhere Selbst‹;[5] die Bibel spricht von dem »Licht, das man nicht unter den Scheffel stellen soll«. Höre ich auf diese tiefe Weisheit, so stelle ich das bewusste Ich unter die Führung des Höheren Selbst. Das kleine ›ich‹ entwickelt sich damit zum großen ›Ich‹, das in Übereinstimmung mit der inneren Führung handelt. In der Tiefenpsychologie bezeichnet man diesen Vorgang als den Prozess der Individuation oder die Herausbildung der ›Ich-Selbst-Achse‹. Piero Ferrucci bringt ihn auf die Formel: »Werde, was du bist«.[6]

Die innere Weisheit in mir weiß um meine Gaben, meine Potenziale, meine Bestimmung, meine Lebensaufgabe. Sie hilft mir, diese in der Auseinandersetzung mit der Welt zur Entfaltung zu bringen. Höre ich ihr nicht zu, weil ich mich ganz in die Außenwelten verstricke, so besteht die Gefahr, mich zu verfehlen. Ich werde nicht zu dem oder der, »wie Gott mich gemeint hat«. Ich bleibe unterhalb meiner Möglichkeiten, passe mich vielleicht an, verbiege mich. Was daraus erwächst, ist dann das diffuse Gefühl eines nicht gelungenen Lebens.

Das Hören auf die innere Stimme wird gerne mit dem Empfang von Radioprogrammen verglichen. Wenn ein Radioempfangsgerät nicht fein gestimmt ist, gibt es Stimmensalat. Die einzelnen Frequenzen überlagern sich und kein Programm lässt sich klar empfangen. Wollen wir die Stimme der inneren Weisheit von dem sonstigen Stimmengewirr unterscheiden, so brauchen wir zweierlei: erstens ein gutes Empfangsgerät; übertragen heißt dies, unsere Wahrnehmungs- und Unterscheidungsfähigkeit muss entwickelt sein. Und wir brauchen zweitens die Fähigkeiten, den Radioknopf so zu drehen, dass wir einen präzisen Empfang erhalten, das heißt, dass wir offen dafür sind, der inneren Weisheit zuzuhören.

Solange wir uns stören lassen von Ablenkungen und einschränkenden Glaubenssätzen aller Art, ist es schwierig, ja unmöglich, für die Weisungen des Höheren Selbst durchlässig zu werden. Aus diesem Grund empfehlen alle Schulen, die den Dialog nach innen fordern, eine regelmäßige Meditationspraxis. Der/die Meditierende schafft sich eine Situation der Ruhe, in der er/sie ungestört von äußeren Einflüssen die Aufmerksamkeit nach innen richten kann. In aller Regel tauchen dann selbst bei hoher Konzentration Gedankenfetzen auf: Wünsche einerseits und unerledigte Fragen andererseits. Damit geschieht ›processing‹, Verarbeitung.

Wer regelmäßig meditiert, möchte aber darüber hinausgehen. Er/sie sucht eine Erlösung von den Aufgeregtheiten des Alltags durch die Entwicklung einer Zeugenperspektive. Assagioli nennt diesen Prozess ›Disidentifikation‹.[7] Statt sich mit drängenden Gefühlen oder Gedanken zu identifizieren, gewinnt der/die Meditierende innerlich zu ihnen Abstand: »Ich habe Gefühle, aber ich bin nicht meine Gefühle. Ich habe Gedanken, aber ich bin nicht meine Gedanken ...« Der Raum der eigenen Bewusstheit erweitert sich damit immer mehr. Das Fremde wird zum Eigenen. Aufgeregtheiten fallen ab. Innerer Friede stellt sich ein. So wird der Weg frei zur tiefen Meditation. Sie ist erreicht, wenn die Gedanken aufhören. Das Gefühl puren Seins, des ›Ich bin‹ entsteht und innere Weisung geschieht aus dem Raum der Stille. Zu mir spricht dann – wie es im Zen heißt – die ›Fülle des Nichts‹.

»Mit den Händen in der Welt und mit dem Kopf im Wald zu sein«, so fordert eine Inschrift in einer Tempelanlage in Indien. Dies ist ein hohes Ziel. Der Kopf im Wald steht für die Ausrichtung auf die innere Weisheit, auf das Göttliche in mir, auf die Liebeskraft. Die Hände in der Welt stehen für den Dienst an der Gesellschaft aus der Anbindung an diese Liebeskraft. Oder in dem Bild von Paul Coelho: Ich erkunde das Anwesen (die Welt) und vergesse dennoch nicht die beiden Tropfen Öl auf meinem Löffel (Gott in mir). Wer dies erreicht, so der Weise im Alchemisten, hat wahrhaft den Weg zum Glück gefunden. Denn er oder sie lebt im Frieden mit sich selbst aufgrund einer Wertschätzung jener Liebeskraft, die uns hervorgebracht hat. Nach den Vorstellungen der Veden will sie uns zu einem Bewusstsein unserer wahren Natur führen, zu dem ›Das bist du‹ – Ich und Gott sind *Eins* – oder wie es im Sanskrit heißt – Tat tvam asi.

Life-Management

Wie übersetzt sich eine solche Haltung in den Alltag? Im Westen wird viel von Selbstmanagement gesprochen. Selbstmanagement dient in aller Regel dazu, die Leistungsfähigkeit im Beruf deutlich zu erhöhen, indem rationeller mit Zeit umgegangen wird und die so genannten soft skills, also die Kommunikations- und Sozialkompetenz, entwickelt werden. Seminare zur Förderung des Selbstmanagements, wie sie allerorten in der Wirtschaft angeboten werden, dienen auch dem Ziel, das persönliche Wohlbefinden der Mitarbeiter zu erhöhen. Doch vorrangig geht es darum, ihre Einsatz- und Leistungsfähigkeit zu verbessern.

Einen sehr viel weitgehenderen Ansatz wählt der bekannte Zeitforscher und Managementberater Steven R. Covey in seinem Buch *Zeitmanagement der vierten Generation*.[8] Hier führt er den Begriff des Life-Managements ein. Wer Life-Management betreibt, beschäftigt sich erst in zweiter Linie mit seiner jeweiligen Lebens- und Arbeitssituation. Im Vordergrund steht der individuelle Lebensentwurf eines Menschen, den es zu ›managen‹ gilt. Dabei ist Covey, wie die nachfolgende Abbildung zeigt, von einem spirituellen Menschenbild inspiriert, wonach der Mensch ein inneres Feuer hat, das aus dem Zusammenwirken der vier Dimensionen des Menschen entsteht, der physischen, sozialen, mentalen und spirituellen Dimension.

Das innere Feuer nach Steven R. Covey[9]

Spirituell — Mental — Physisch — Sozial

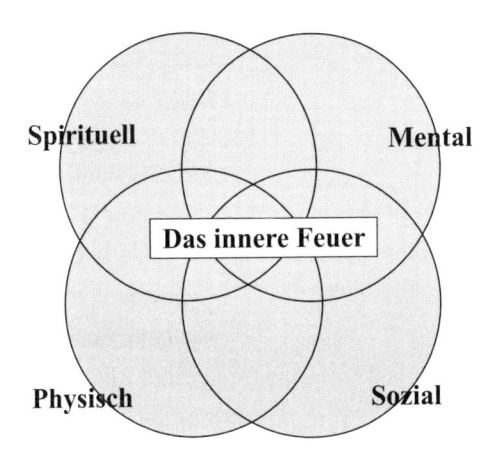

Das innere Feuer

Es geht also darum, Wege zu finden, wie sich der eigene Lebensentwurf optimal in der Zeit entfalten kann. Jede mittel- oder kurzfristige Verbesserung des Umgangs mit Zeit muss sich an dieser Lebensvision bestätigen. Hier finden wir es wieder: Das Individuum wird mit seinen Anlagen und Möglichkeiten wertschätzend in den Mittelpunkt gerückt. Life-Management in diesem Sinne heißt, die Wahrheit der eigenen Bestimmung zu leben. Zeit-Management dient dem Ziel, diese Wahrheit im Alltag wirksam werden zu lassen.

Dem Wesentlichen Priorität einräumen

Dabei hilft eine weitere Brücke, die in der Forschung auch Eisenhower-Matrix genannt wird und die Covey in seinem Buch aufgreift. Die Matrix wird gebildet aus den Vektoren ›dringend‹ und ›wichtig‹. Mit diesen beiden Vektoren gelangt man zu vier Quadranten:

Wie Wertschätzung lebendig wird

		Dringend	nicht dringend
W i c h t i g		I Krisen drängende Probleme Projekte, Besprechungen, Vorbereitungen mit Zeitlimit	II Vorbereitung Vorbeugung Werteklärung Planung Beziehungsarbeit echte Erholung Förderung der Selbstverantwortung
N i c h t w i c h t i g		III Unterbrechungen einige Anrufe manche Post, einige Berichte einige Konferenzen viele anstehende, drängende Angelegenheiten viele beliebte Tätigkeiten	IV Triviales, Geschäftigkeit Wurfsendungen manche Anrufe zeitverschwendende Beschäftigungen Fluchtaktivitäten

Dringlichkeits-Wichtigkeits-Quadrant nach Steven R. Covey[10]

Die Gesellschaft der Nanosekunde mit ihrer Atemlosigkeit und materiellen Gier ist gekennzeichnet von einer Dominanz des I. Quadranten: Telefon, Handy, Fax, E-Mail transportieren Botschaften rund um den Globus, die höchste Wichtigkeit und Dringlichkeit für sich beanspruchen. Ob es sich dabei um Wichtiges handelt im Sinne von Life-Management oder dem Erfüllen einer wichtigen Aufgabe, bleibt vielfach völlig offen. Covey spricht daher von der ›Dringlichkeitsfalle‹, die es zu vermeiden gilt. Demgegenüber hält er es für unverzichtbar, den II. Quadranten zu stärken, wenn man erfolgreich sein Leben und seinen Umgang mit Zeit meistern will. Es geht um alle Tätigkeiten, die helfen, das Wichtige und Wesentliche im eigenen Leben bzw. für die Durchführung einer Aufgabe zu erkennen und umzusetzen. Hier findet sich alles, was ich brauche, um mich körperlich-seelisch-geistig im Gleichgewicht zu halten. Dazu gehören:

- Innenschau, Meditation, Kontemplation
- Werteklärung und Visionsentwicklung
- Bestimmen von Strategiefeldern und operationellen Schritten
- Planung der Umsetzung
- Rückschau und Evaluierung
- Work-Life-Balance
- Pflege der sozialen Beziehungen
- Musische, geistige, spirituelle Anregungen
- Wirkliche Erholung

In einer Haltung der Wertschätzung mir selbst gegenüber kann ich solche Hilfen und Brücken nutzen, um mein Leben mit Freude und Gewinn für mich und andere zu führen. Je stärker ich mich dabei der Führung meines Höheren Selbst überlasse, desto mehr werde ich aus einem intuitiven Wissen heraus handeln. Je mehr ich gefangen bin in Alltagsroutinen und im Sog äußerer Anforderungen, desto wichtiger wird es, dass ich mir die Zeit und die Muße nehme, um mich dem II. Quadranten und seinen Möglichkeiten zuzuwenden. Indem ich genauer auf meine Werte und die Bestimmung meines Lebens achte, indem ich das Wichtige vom Unwichtigen scheide und mich auf das Wesentliche konzentriere, arbeite ich mit meiner inneren Weisheit zusammen. Diese Wertschätzung meiner selbst hilft mir, mehr Frieden nach innen und nach außen zu gewinnen.

Die Freude zum Maßstab nehmen

Woran kann ich erkennen, dass ich wirklich auf meiner Spur bin? Wer sich einmal eine Buddhastatue angesehen hat, wird feststellen, dass um den Mund ein feines Lächeln spielt. Dieses Lächeln nennt man auch das innere Lächeln. Es ist Ausdruck einer Haltung des inneren Friedens, zu der Buddha, der Erleuchtete, gelangte. Wenn wir uns selbst beobachten, können wir vielleicht an uns feststellen, dass sich das innere Lächeln von Zeit zu Zeit in unseren Gesichtszügen ausdrückt. Nach meiner Erfahrung ist es ein untrügliches Zeichen dafür, dass ich auf meiner Spur und daher im inneren Frieden bin.

In den Veden unterscheidet man vier Aspekte des Geistes (Mind):

Die vier Aspekte des Geistes und ihr Sitz im Körper nach den Veden

Sanskrit	englisch	deutsch	Sitz im Körper
Manas	lower mind, thoughts, desires	der niedrige Geist, Gedanken, Wünsche	Mitte der Stirn
Ahamkara	ego, exterior ›I‹, false ›I‹, identification with the body	das Ego, das äußere ›Ich‹, das falsche ›Ich‹, die Identifikation mit dem Körper	Mitte der Brust
Buddhi	higher mind, intuitive intellect, conscience, inner voice, concerned with the inner world and unity	der höhere Geist, intuitiver Intellekt, Gewissen, innere Stimme, beschäftigt mit der inneren Welt und mit der Einheit	Mund
Chitta	consciousness, feelings, memory, will	Bewusstsein, Gefühle, Gedächtnis, Wille	Mitte des Unterbauches

Zusammengestellt nach Satvic[11]

Das Lächeln, das ganz von selbst aus der Tiefe aufsteigt und um den Mund spielt, ist Ausdruck dessen, dass ich geistig auf die Ebene von Buddhi oder dem Höheren Intellekt, dem Zeugenbewusstsein, gelangt bin. Hier bin ich weder mit meinen Gefühlen noch mit meinen Gedanken identifiziert. Ich stehe in Verbindung mit meiner inneren Weisheit. In den Bildern des Alchimisten von Coelho gesprochen: ich habe die beiden Tropfen Öl bewahrt, selbst dann, wenn ich mich im Anwesen oder in der Welt umsehe.

So kann ich Freude, die sich in der Tiefe herstellt, zur Richtschnur meines Tuns nehmen. Ich brauche mich nicht mit Gedankenkonzepten, Gedankenschwere, Selbstzweifeln, Selbstvorwürfen, Schuld oder gar Schamgefühlen zu quälen. Lächelnd kann ich mich der Führung durch meine Höhere Weisheit anvertrauen.

Stützen für den Dialog nach innen

Beginnen Sie damit, sich selbst gegenüber mehr Wertschätzung zu leben. Dies wird Sie von alleine dazu bringen, auch ihren Mitmenschen gegenüber wertschätzender zu sein. Das Bedürfnis, andere zu entwerten, um sich selbst aufzuwerten, verflüchtigt sich, weil Sie lernen, sich selbst so anzunehmen, wie Sie sind.

Zur Ruhe kommen, meditieren

Suchen Sie sich in Ihrem Alltag einen Ort, an dem Sie zur Ruhe kommen können. Für den einen ist er in der Natur, für den anderen ein Platz in der eigenen Wohnung. Sie sollten den Ort ohne große Mühen täglich erreichen können. Am besten ist es, wenn Sie den Ort so hinterlassen können, wie Sie ihn wieder aufsuchen möchten. Dann wird er zu einem kleinen Meditations- oder Andachtsplatz, an dem Sie leichter Zugang zu Ihrer Innenwelt gewinnen.

Wenn Sie mit dieser Praxis gerade erst beginnen, wählen Sie sich einen regelmäßigen Zeitrhythmus, an dem Sie diesen Ort aufsuchen. Diese äußere Struktur wirkt strukturierend nach innen. Wer den Dialog nach innen regelmäßig praktiziert, tut dies am besten beim Übergang zum Tag und beim Übergang zur Nacht. Der Geist ist dann besonders wenig mit Gedanken beschäftigt.

Beginnen Sie mit zehn Minuten und erhöhen Sie allmählich die Zeitspanne auf zwanzig bis dreißig Minuten. Während Sie sitzen, sollten Wirbelsäule und Kopf gerade aufgerichtet sein, damit die Energie leicht zwischen Steißbein und Scheitelpunkt fließen kann. Es bringt Ihnen nichts, wenn Sie sich mit schmerzenden Knien beschäftigen.

Wenn Sie tiefer in die Meditationspraxis einsteigen wollen, können Sie zum Beispiel eine der vielen Zen-Gruppen besuchen, die in Deutschland praktizieren.[12] Außerdem bieten die verschiedensten Organisationen Rückzugsmöglichkeiten oder Retreats an, in denen Sie meditieren können. Prüfen Sie bei der Auswahl anhand Ihrer Intuition, was gut für Sie ist. Außerdem gibt es viele informative Bücher über verschiedene Meditationspraxen.

Unterstützend ist auch, vor Beginn der Meditation einen Tagesspruch zu lesen, zum Beispiel von Eilen Caddy[13] oder Joan Borysenko.[14]

Meditatives Schreiben

Wem es liegt, den Weg nach innen über das Schreiben zu gehen, kann eine Praxis des meditativen Schreibens entwickeln. Dabei sind viele Formen möglich:

- Ich mache einen Tagesrückblick und lege mir ›Rechenschaft‹ ab.
- Ich stelle Fragen und bitte meine Innere Führung, mir zu antworten.
- Ich bitte meine Innere Führung, zu mir zu sprechen und schreibe dies nieder.

Doch Achtung, dass Sie sich selbst nicht etwas vormachen! Das füttert nur das Ego. Die innere Weisheit steigt – ohne dass wir dies steuern könnten – tief aus dem Inneren auf; es ist eine Stimme der Liebe und der Gelassenheit, nicht des Vorwurfes, der Entwertung oder der Aggression.[15]

Life-Management und Zeitmanagement

Die eigene Lebensvision zu finden, erfordert Konzentration, Offenheit und Wertschätzung gegenüber den Impulsen aus dem Inneren. Für den einen ist die Vision unvermittelt in ihrer ganzen Fülle präsent. Für den anderen zeigt sie sich erst in einer ständigen Suchbewegung. Das Meditationsbild von Arno Kimmeskamp, das Sie nach Seite 128 finden, ist eine Hilfe, um an Impulse aus der Tiefenschicht des Unbewussten zu kommen.

Stellen Sie sicher, dass Sie nicht gestört werden. Bitten Sie um innere Führung. Stellen Sie sich die Frage, welche Vision Sie in diesem Leben verwirklichen möchten. Lassen Sie die Impulse, die Ihre Fragen auslösen, ohne Zensur aufsteigen und machen Sie sich dazu Notizen.

Überprüfen Sie Ihre Vision: Wenn Sie mit der Selbstwertschätzung von sich und anderen noch am Anfang stehen, dann ist es besonders wichtig, Ihre Vision an den Fragen zu prüfen: Welches sind die wichtigsten Werte, von denen ich mich leiten lasse? Sind es Werte, die dem Leben zugewandt sind und die von einer wertschätzenden Haltung mir selbst und anderen gegenüber motiviert sind? Nehmen Sie gegebenenfalls Änderungen an Ihrer Vision vor. Dabei können Sie erneut Ihre Intuition öffnen, indem Sie das Mandalabild zur Hilfe nehmen.

Gehen Sie in der Folge mit dieser Vision ›schwanger‹ und sehen Sie, ob und inwieweit Ihre Lebensgestaltung Sie darin unterstützt, diese Vision ins Leben zu bringen. Wenn Sie Klarheit und Sicherheit über notwendige Korrekturen und Schritte gewonnen haben, tun Sie dies, ohne sich von außen darin verunsichern zu lassen. Sie können mit der Vierfeldermatrix von Covey arbeiten, um Ihre Prioritäten zu klären.[16]

Der Prozess der Visionsfindung und Prioritätenklärung lässt sich auch für Projekte und kleinere anstehende Aufgaben im beruflichen oder privaten Alltag nutzen. Wichtig ist dabei, dass Sie diese immer wieder auf Ihre Lebensvision zurückbeziehen. So erhöht sich die Stimmigkeit mit Ihnen selbst.

Wertschätzende Begegnung mit anderen

C'est le ton qui fait la musique.

Wie wird Wertschätzung in der Begegnung mit anderen lebendig? Es ist die Haltung, die sich anderen mitteilt. Es ist der Ton, der die Musik macht! In dem Ton, in der Schwingung, die ich aussende, zeigt sich die geistige Haltung, die ich dem anderen entgegenbringe. Der Westdeutsche Rundfunk verwendete als Slogan für seinen Hörfunk: »Wer fühlen will, muss hören«. Damit wird eine wichtige Wahrheit ausgesprochen: Das Auge täuscht leicht. Das Ohr hingegen ist unmittelbar mit dem Herzen verbunden. Es lässt sich – so ich gelernt habe zu hören – weniger leicht betrügen. Es empfängt die geäußerten Worte als Schwingung, nimmt sie direkt auf und meine Wahrnehmung interpretiert – vielfach unbewusst –, welche innere Einstellung mein Gegenüber hat. Das *Wie* entscheidet über die ›Ladung‹, mit der das Gesprochene geäußert wird, das *Was* transportiert den Sinn.[17]

Will ich Wertschätzung anderen gegenüber lebendig werden lassen, so prüfe ich zuerst meine eigene Haltung: Kann ich den anderen so lassen, wie er/sie ist? Kann ich ihm/ihr Respekt entgegenbringen? Oder spreche ich ihm/ihr das Recht ab, so zu sein, wie er oder sie ist? Lehne ich diesen Menschen ab oder entwerte ich ihn sogar – weil er arm oder reich, alt oder jung, krank oder gesund, Mann oder Frau, Ausländer oder Inländer, Konkurrent oder Partner oder aus irgendeinem anderen Grunde mir fremd ist? Welche Gedankenkonzepte prägen meine Wahrnehmungen, Urteile oder Vorurteile? Von welchen Maßstäben lasse ich mich leiten und wie beeinflussen sie meine Emotionen?

Potenzialentwicklungs-Mandala

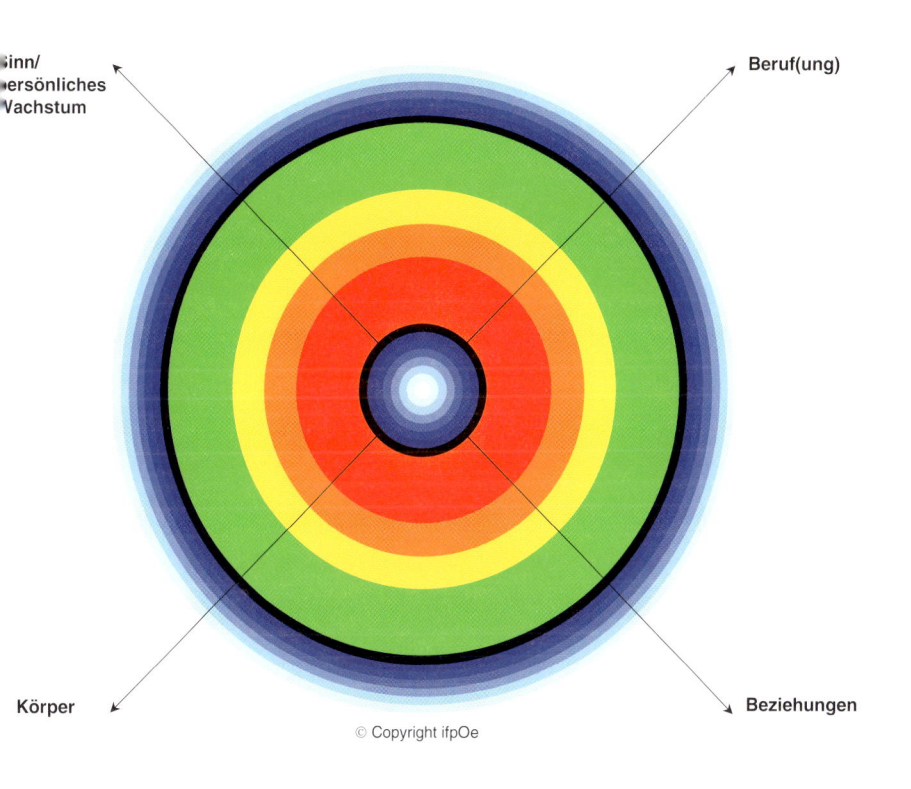

Sinn/
Persönliches
Wachstum

Beruf(ung)

Körper

Beziehungen

© Copyright ifpOe

Bei solcher Selbstprüfung geht es nicht darum, beim anderen alles hin- und anzunehmen. Ich muss mich weder zum Opfer von Aggressionen machen, noch muss ich inhumanes Verhalten für gut heißen. Die Frage ist nur, ob ich dem anderen in letzter Konsequenz die Achtung und Wertschätzung entgegenbringe, die er oder sie genauso verdient wie ich. Und zwar ganz einfach, weil dieser Mensch ebenso wie ich ein Ausdruck Gottes ist und uns die Einheit alles Lebendigen verbindet.

Und schließlich: Wenn ich mit dem anderen kommuniziere oder mich auf ihn/sie beziehe: Bin ich der Person gegenüber aufrichtig oder versuche ich, sie zu täuschen – mit Unwahrheit, Freundlichkeit oder anderen gespielten Emotionen? Bin ich authentisch, das heißt, bin ich mit mir eins in meinen Gedanken, Gefühlen, Worten und Taten?

Wenn ich mir solche Fragen ehrlich stelle, so hilft es mir, meine Haltung von lebensfeindlichen Konzepten und Emotionen zu reinigen. Der Dialog nach innen, der im Zentrum des vorangehenden Kapitels stand, ist der erste Schritt zu einer wertschätzenden Kommunikation mit anderen. Er hilft mir, mein Herz so zu öffnen, dass ich dem anderen mit Achtsamkeit und Respekt begegnen kann.

Die Zunge beherrschen

Kommunikation wird vor allem lebendig durch Sprache. Worte können töten, wie wir wissen. Andeutungsweise kann ich dies aus eigener Erfahrung bestätigen. Ich nahm an einem Training zur Konfliktbewältigung teil. Menschen aus vielen Nationen waren versammelt, und von Anfang an standen unterschwellige Konflikte zwischen Juden und Deutschen, zwischen Männern und Frauen und zwischen Engländern und ehemaligen Kolonialvölkern im Raum.

Irgendwann brachen die Konflikte auf: Ein jüdischer Teilnehmer schleuderte einer englischen Teilnehmerin einen Vorwurf entgegen, der diese Frau im innersten Kern traf. Das Blut wich aus ihrem Gesicht. Sie war im Schock. Die Situation wirkte lebensbedrohlich. An Weiterarbeiten war nicht zu denken. Erst nach einiger Zeit stellte sich heraus, dass die Betroffene das Ereignis letztlich doch verarbeiten konnte.

Solche Macht kann das Wort haben, im Schlechten wie im Guten. Ein gutes Wort zur richtigen Zeit in der richtigen Haltung gesagt, kann die Stimmung eines Menschen von Grund auf verändern: die Lebensgeister kehren zurück, Freude bricht auf, eine positive Haltung entfaltet sich, Kummer und Schmerz scheinen wie weggeblasen.

Aus diesem Grund wird Wertschätzung dann lebendig, wenn wir gelernt haben, die ›Zunge zu kontrollieren‹. Das ist nicht einfach. Ich erinnere mich an eine Zeichnung aus dem europäischen Mittelalter. Die Gesellschaft wurde als ein Baum dargestellt, in dem alle sozialen Stände durch kleine Situationsbilder dargestellt waren. Das ganze bunte Leben in seiner Vielfalt hatte in dem Baum Platz. Zwischen diesen prallen Bildern des Lebens in all seinen Schattierungen hüpfte ein Eichhörnchen hin und her. Es symbolisierte die Art und Weise, wie die Menschen übereinander reden.

Wenn wir über andere reden, haben wir grundsätzlich die Wahl: Wir können das, was wir als schlecht erleben, weitergeben, sogar mit entwertenden Aussagen ausmalen und ausschmücken oder wir können – wie der mexikanische Weise Miguel Ruiz sagt – »untadelig sein mit dem Wort«.[18] Die Skala der Möglichkeiten, über andere zu reden – insbesondere, wenn sie nicht dabei sind – ist breit: Unachtsames Reden, Klatsch und gedankenloses Gequatsche, Herumkritteln und Herumnörgeln, üble Nachrede oder gar gezielte Entwertung. Jede dieser Botschaften ist wie Gift. Es träufelt in unsere Sicht der Menschen und Situationen ein – oft ohne, dass wir uns dessen überhaupt bewusst sind oder wir uns dagegen wehren könnten. Es klebt wie Schmutz auf unserer Wahrnehmungsbrille.

Das Deutsche hat einen guten Begriff für das, worum es hier geht: Unvoreingenommenheit. Wenn wir einem Menschen unvoreingenommen begegnen, dann sind unsere Wahrnehmungen noch ungetrübt von den Meinungen anderer; die anderen konnten uns noch nicht für ihre Sichtweise einvernehmen. Fehlt diese Unvoreingenommenheit hingegen, so sind wir bereits ›eingenommen‹, fremd bestimmt – begegnen dem anderen mit einem Vor-Urteil, ohne selbst zu einem Urteil gelangen zu können.

Deswegen fordert Miguel Ruiz in seinem Buch *Die vier Versprechen*[19] als erstes Versprechen »Sei untadelig mit deinem Wort«. Ähnliches finden wir in allen spirituellen Traditionen. Im Christentum ist es das 9. Gebot »Du sollst kein falsch Zeugnis reden wider deinen Nächsten«.[20] In den Veden wird die Beherrschung der Zunge gefordert, und zwar in ihrem Doppelaspekt Reden und Essen. In den Verhaltensregeln (Code of Conduct) für Anhänger Sathya Sai Babas heißt es unter Punkt 9: »Es vermeiden, schlecht über andere zu sprechen, vor allem in deren Abwesenheit.«

Heute profitieren große Industrien von Klatsch, Tratsch und übler Nachrede. Die Boulevardzeitungen leben größtenteils davon. Eine sich immer mehr verschärfende Medienkonkurrenz und die technischen Möglichkeiten fast uneingeschränkter Manipulation von Bild-, Ton- und Textmaterial treiben diesen Prozess medial transportierter öffentlicher Entwertung von Menschen noch voran. Umso wichtiger ist es, sich darauf zu besinnen, dass Wertschätzung etwas mit Wahrheit, mit Respekt und Achtsamkeit in der Kommunikation zu tun hat und dass innerer und äußerer Frieden durch eine wertschätzende Kommunikation nachhaltig gefördert werden.

Die Macht der Gedanken

Dies bestätigt sich anhand von zwei Gesetzen, die den Zusammenhang von Denken, Wahrnehmen und Tun verdeutlichen. Sie sind grundlegend für die so genannte Wertschätzende Befragung, die Appreciative Inquiry, ein wertschätzendes Kommunikationsverfahren, das uns im Folgenden noch beschäftigen wird.[21] Es sind:

1. Das, worauf du deine Aufmerksamkeit richtest, nimmt zu.
2. Die Geschichten, die wir uns über uns erzählen, werden Wirklichkeit.

Jeder von uns kann es aus eigener Wahrnehmung bestätigen: Wenn wir unsere Aufmerksamkeit auf etwas lenken, entdecken wir plötzlich vieles, was damit zu tun hat. Dieses Gesetz hat ebenso angenehme wie auch höchst unangenehme Seiten: Wenn ich mein Interesse auf ein Thema lenke, so stoße ich rasch auf vielfältige einschlägige Informationen. Mein Wahrnehmungsfilter wirkt wie ein Magnet, der die entsprechenden Informationen anzieht und in das Feld meiner bewussten Wahrnehmungen einlässt. So könnte es ihnen jetzt gehen, wenn Sie sich mit dem Thema Wertschätzung befassen; viele neue Erkenntnisse und Erfahrungen fließen Ihnen zu. Dasselbe Gesetz gilt aber auch, wenn unangenehme Dinge in das Feld der eigenen Aufmerksamkeit rücken. Wenn ich mich zum Beispiel durch

Lärm gestört fühle, wird der Lärm in meiner Wahrnehmung immer größer und unerträglicher. Wie erfolgreich und zugleich missbräuchlich dieses Gesetz angewendet werden kann, zeigt sich daran, dass man Häftlinge mit dem Geräusch eines stetig fallenden Wassertropfens foltern kann.

Wenn ich also meine Aufmerksamkeit auf all die negativen, unangenehmen und mich womöglich abstoßenden Seiten meiner Mitmenschen, Kollegen, Vorgesetzten und sonstigen Beziehungspartner richte, werden genau diese in meinem Bewusstsein immer stärker hervorstechen. Deswegen bin ich gut beraten, meine Aufmerksamkeit sorgfältig auszurichten. Ich kann meinen Willen einsetzen, um den Wahrnehmungsfilter zu bestimmen. Ich kann mich entscheiden, im anderen das Positive, seine Potenziale, seine Möglichkeiten, sein Bemühen zu sehen. Und ich kann mein Mitgefühl fließen lassen für all die nicht gelingenden Seiten, die jede und jeder von uns lebt. Vertrauen hilft einem Menschen bei der Entwicklung seiner Potenziale. Bringe ich anderen Vertrauen entgegen, so haben sie den Raum und die Chance zu wachsen. Bringe ich anderen hingegen Misstrauen entgegen, so beschneide ich sie in ihren Entfaltungsmöglichkeiten.

Die Kraft dieses Gesetzes kann man leicht mit einem Gruppenexperiment überprüfen: Schicken Sie eine Person vor die Tür und besprechen Sie als Gruppe, dass diese Person, wenn sie zurückkommt, in der Lage sein soll, den Arm bei mäßigem bis starkem Druck von oben ausgestreckt in der Waagerechten zu halten. Bitten Sie die Person wieder herein, stellen Sie sie in die Mitte und fordern Sie sie auf, den Arm waagerecht ausgestreckt zu halten, während Sie den Druck von oben ausüben. Währenddessen senden die Gruppenmitglieder den Gedanken aus, sie könne dies in der Tat schaffen. Wiederholen Sie das Experiment mit dem Gedanken: Sie kann es nicht schaffen. Die

Person wird aufgrund des kollektiven Gedankens nunmehr nicht in der Lage sein, den Arm in der Waagerechten zu halten. Die Macht der negativen Gedanken der anderen Gruppenmitglieder hat ein energetisches Feld geschaffen, in dem es dieser Person nicht mehr möglich ist, ihre Stärke zu leben.

Das zweite Gesetz – »die Geschichten, die wir uns über uns erzählen, werden Wirklichkeit« – kennt jeder von uns ebenfalls aus eigener Anschauung. Auch dieses Gesetz lässt sich im Guten wie im Schlechten anwenden. Die negative Seite wird besonders sichtbar beim so genannten negativen ›core belief‹. Darunter versteht man einen negativen Glaubenssatz, der für die Entwicklung eines jungen Menschen so prägend war, dass er ihn ein Leben lang mit sich herumschleppt. »Du bist dumm«, »du bist unfähig«, »du bist hässlich«, »du hast kein Recht, so oder so zu sein« – solche entwertenden Sätze haben viele in ihrer Kindheit hören müssen. Die unmittelbare Folge dieser Glaubenssätze ist, dass sie verinnerlicht werden, das heißt sie werden für wahr genommen, sodass sie das Selbstbild bestimmen. Wer meint, er oder sie sei dumm, traut sich wenig zu und bleibt damit unterhalb seiner Möglichkeiten. Wer gelernt hat, unfähig zu sein, misstraut den eigenen Fähigkeiten und vergibt damit wichtige Chancen, sie zu erproben und zu erweitern.So werden die Geschichten, die wir über uns selbst gehört haben, zur Wirklichkeit, ganz einfach, weil sie unseren Wahrnehmungsfilter prägen. Dies geht so lange, bis wir diesen Wahrnehmungsfilter in Frage stellen und ihn verändern. Es braucht dann sehr viel Kraft, entwertende Glaubenssätze zu verändern und den Weg für ein gelingendes Leben zu öffnen. Bei solcher Selbst-Befreiung können Erfahrungen unterstützend sein, die nicht mit dem bisherigen Glaubenssatz in Übereinstimmung zu bringen sind. Auch Menschen, die uns ein positives Selbstbild zurückspiegeln, helfen dabei, dass wir beginnen, wertschätzende Geschichten über uns selbst zu erzählen und sie damit Wirklichkeit werden zu lassen.

Was individuell gilt, trifft auch kollektiv zu. Ein gutes Beispiel hierfür ist die öffentliche Meinung, die in Deutschland etwa 2002 einsetzte. Man kann sie mit gutem Grund als eine kollektive Depression bezeichnen, die sich in immer schlechteren Konjunktur- und Arbeitsmarktdaten niederschlägt. In der veröffentlichten Meinung ebenso wie an den Stammtischen begann man, die eigenen Möglichkeiten und Potenziale systematisch schlecht zu reden – als Jammern auf hohem Niveau. Eine Abwärtsspirale setzte ein: Mangels Vertrauen in die ökonomische und soziale Situation des Landes stagnierte vor allem der interne Konsum. So gerieten immer weitere wirtschaftliche Akteure in Not. Dass solche Selbstbeschreibung nicht ohne negative Folgen bleibt – sozial ebenso wie ökonomisch –, wurde etwa Mitte 2004 immer offensichtlicher. Deswegen meldeten sich schließlich auch andere Stimmen zu Wort. Sie erzählten gezielt hoffnungsvolle Geschichten über die Situation, in der sich das Land befindet.[22] Einen wichtigen Auftakt dazu gab Horst Köhler mit seiner Rede als neu gewählter Bundespräsident im Mai 2004. Sogar Verantwortliche in der Wirtschaft begriffen, dass mit dem ständigen Niedergangsgerede der ökonomische Niedergang nur unterstützt wird. Wann die Menschen im Land beginnen, diese kollektive Depression wirklich abzuschütteln, ist eine spannende Frage.

Richtet eure Aufmerksamkeit auf das, was ihr braucht,
nicht auf das, was ihr vermeiden müsst.
Zählt die falschen Schritte,
und ihr werdet sie mit Sicherheit wiederholen.

Sathya Sai Baba

Unsere Gedanken sind das machtvollste Instrument, um Wirklichkeit hervorzubringen. Jede Maschine, jede Infrastruktur, jedes Haus, jede Beziehung, jede Körperbewegung und jedes Gefühl haben ihren Ursprung auf der gedanklichen Ebene. Der Geist bestimmt die Materie. »Am Anfang war das Wort«, heißt es nicht ohne Grund in der Bibel.[23] Und die Materie wirkt auf den Geist zurück, der wiederum die Materie prägt. Auch hier gilt also: Wir sind gut beraten, uns sorgfältig die Geschichten auszuwählen, die wir uns über uns selbst und andere erzählen.

Wenden wir dies auf die Begegnung mit anderen an, so bedeutet dies: Unsere Wertschätzung wird in der Kommunikation mit anderen dann lebendig, wenn wir uns wertschätzende Geschichten über sie und die Begegnung mit ihnen erzählen. Wir bringen dann aktiv die Wirklichkeit hervor, die wir erleben wollen. Wertschätzend entdecken wir in den Menschen, denen wir begegnen, deren Potenziale, Stärken und Ressourcen. Damit helfen wir ihnen, genau diese positiven Seiten ihrer selbst zur Entfaltung zu bringen. Statt den anderen/die anderen mit unseren bewertenden, negativen oder gar entwertenden Gedanken zu behindern, geben wir ihnen Kraft, zu den Menschen zu werden, die sie von ihren Anlagen und Möglichkeiten her bereits sind.

Dies ist nicht einfach. Vorurteile sind wie Visiere, die bei der kleinsten Herausforderung herunterklappen. Sie lösen etwas in uns aus, dem wir, solange sie unbewusst sind, völlig ausgeliefert zu sein scheinen. Doch es gibt eine Möglichkeit, die eigenen Vorurteile besser in Schach zu halten. Wir können unseren Willen dafür einsetzen, die negativen Bewertungen – zumindest vorläufig – in der Schwebe zu halten.[24] In der Schwebe halten heißt: Ich gestehe mir ein, dass ich mich mit meiner Einschätzung irren könnte. Deswegen bin ich bereit, mich eines Besseren belehren zu lassen. So gebe ich mir und anderen eine Chance zu lernen. Ich öffne ein Feld für wechselseitiges Wachstum.

Zuhören als Wertschätzung

Unterstützt wird dieser wechselseitige Lernprozess, wenn ich lerne, zuzuhören. In meiner Ausbildung in Biodynamischer Physiotherapie gab es eine Übung, deren Erfolg mich faszinierte: Wir wurden aufgefordert, uns neben einen Teilnehmer/eine Teilnehmerin der Ausbildungsgruppe zu setzen, der/die auf dem Boden lag. Wir hatten nichts anderes zu tun, als diesem Menschen in einer Haltung der Achtsamkeit und des Respekts zuzuhören. Die Wirkung war verblüffend. Die Nöte der sprechenden Person konnten noch so groß sein; sie kam in diesem Monolog für meine Ohren zu überraschenden neuen Sichtweisen auf ihr Problem, und wirkliche Erleichterung stellte sich für sie ein. Dieselbe Übung begegnete mir später in meiner Ausbildung zur Psychosynthesetherapeutin: Ein Klient/eine Klientin sitzt mir gegenüber. Ich lade ihn/sie ein, ihr Anliegen zu erzählen, das ihr Kummer und Sorge bereitet und beschränke mich in meinen Interventionen auf ein absolutes Minimum. Ohne eigene Vorstellungen einzubringen, höre ich in einer Haltung absoluter Offenheit und Zugewandtheit zu. Auch hier lernte ich zu begreifen, dass Menschen ungeheure Selbstheilungskräfte besitzen, wenn man ihnen die Chance gibt, ihre Nöte einem mitfühlenden Ohr zu erzählen.

Was hier für therapeutische Situationen beschrieben ist, gilt im Grundsatz für alle zwischenmenschlichen Begegnungen. Da wir alle ein so intensives Bedürfnis haben, von einem anderen Menschen wahrgenommen und für wichtig gehalten zu werden, hat ein zugewandtes Zuhören heilende Wirkung. Es wird als wertschätzend erlebt, weil ich in diesem Prozess mir selbst im Spiegel des anderen begegnen kann. Wenn mir jemand vorbehaltlos zuhört, darf ich so sein, wie ich bin. Ich muss mich nicht gleich mit mehr oder minder gut gemeinten Ratschlägen, Kritiken oder Kommentaren auseinander setzen oder mich vor ihnen schützen. Ich kann und darf dann meiner eigenen inneren Spur folgen. In diesem Raum der zugewandten Achtsamkeit kann ich wichtige Impulse in mir selbst finden, ohne mich von dem anderen abhängig zu machen.

Gespräche zwischen zwei oder mehr Menschen lassen selten diese besondere Qualität des Zuhörens erkennen. Was jemand sagt, dient in vielen Fällen einfach als Stichwortgeber für den anderen. Statt sich wechselseitig zuzuhören, entwickelt sich eine Aneinanderreihung von Einzelmonologen. Jede und jeder ist eigentlich mit sich selbst beschäftigt und enthält dem anderen die Aufmerksamkeit vor, die er oder sie selbst so gerne hätte.

Welche Not daraus erwächst, lässt sich indirekt aus folgender Geschichte erschließen: Gerda Boyesen, die Begründerin der Biodynamik, berichtet von einer Beobachtung, die sie einst sehr beschäftigte. Wenn sie jemandem im Alltag zufällig begegnete und fragte: »Wie geht es Ihnen?«, setzten die Befragten unvermittelt zu langen Monologen an. Sie berichteten aus den tiefsten Tiefen ihrer Seele. Für Gerda Boyesen war dies nicht einfach, und sie fragte sich, warum ihr dies immer wieder passiere – handelte es sich doch keineswegs um therapeutische Situationen. Erst nach einer Weile begriff sie, dass bereits ihre achtsame Offenheit, die sich über ihre Stimme vermittelte, derartige Prozesse der Selbstoffenbarung auslösen konnten. So groß ist in uns Menschen der Wunsch, gehört und gesehen zu werden!

Von aktivem Zuhören spricht man, wenn diese Haltung der unvoreingenommenen Offenheit im Hören durch behutsames Fragen unterstützt wird. Behutsames Fragen heißt, wie eine Hebamme zu fragen. Die Hebamme weiß, dass das Kind vollkommen ist und sie ihm nur helfen muss, zur Welt zu kommen. In diesem Sinne hilft behutsames Fragen zur Bewusstwerdung. Es fügt nichts hinzu, sondern hilft, das Unbewusste ins Bewusstsein zu heben. Dort kann es wirken und sich entfalten.

Mich dem anderen zumuten als Wertschätzung

Wertschätzende Kommunikation mit anderen ist nicht einseitig. Es ist ein wechselseitiger Prozess. Die Kunst des Zuhörens will und muss gelernt werden. Doch Kommunikation bleibt unvollständig, wenn ich mich dem anderen nicht auch kommunikativ ›zumute‹. Ich erinnere mich, dass ich von meiner Mutter nicht nur Anerkennung, sondern auch offene Kritik hören wollte. Ich wollte ihre ehrliche Meinung erfahren, um mich damit auseinander setzen zu können. Sie war damit jedoch äußerst sparsam. Dies rief in mir ein Gefühl hervor, dass sie mir etwas vorenthalte, ja ein Stück weit, dass sie mich durch ihr Schweigen nicht wertschätze. Eine Nähe, die ich suchte, stellte sich nicht her. Gelang es mir dann, sie so zu provozieren, dass sie mir ihre Sicht deutlich mitteilte, fühlte ich mich angenommen und wohler in meiner Haut.

Heute leben wir in einer Gesellschaft, die von ›Angst vor Nähe‹ gekennzeichnet ist.[25] Nähe stellt sich nach Schmidbauer her, wenn ich nichts dagegen unternehme. Etwas dagegen zu unternehmen heißt, eine Blockade zwischen mir und dem anderen aufzubauen. Die Fähigkeit hierzu brauchen wir im Alltag – wir können und wollen nicht mit jedem Nähe herstellen. Doch wertschätzende Kommunikation geht nicht, ohne dass ich ein gewisses Maß von Nähe zulasse. Und die entsteht, wenn ich nicht nur offen bin für den anderen, sondern mich auch dem anderen zumute, indem ich mich selbst zeige. Dies kann und muss nicht nur im Privaten sein. Es kann auch im Beruf oder öffentlich geschehen. Ein Mensch, der öffentlich zu seinen tiefen Überzeugungen steht, schafft Nähe, weil er/sie etwas von sich zeigt.

In der Kommunikationstechnik des offenen Dialogs spricht man daher von einem Zusammenspiel von Erkunden und Plädieren.[26] Wenn ich erkunde, versuche ich – auch mithilfe von Fragen – den anderen und seine Sicht zu verstehen; wenn ich plädiere, versuche ich, meine Sicht dem anderen zu vermitteln. Im Zusammenspiel von Erkunden und Plädieren haben die Kommunikationspartner wechselseitig die Chance, ihre individuellen Wahrnehmungen und Sichtweisen zu erweitern. Ihre Bewusstheit und ihr Verstehen weiten sich aus. Halten sie hingegen mit ihrer eigenen Sicht zurück, so wird dieser Prozess wechselseitigen Lernens gestoppt. Viele Gründe können mich bremsen, mich dem anderen zuzumuten: die Angst, abgelehnt zu werden, die Furcht, mich zu irren oder mich lächerlich zu machen, meine Unwissenheit zu verraten oder meinen eigenen Perfektionsstandards nicht zu genügen. Doch die Wirklichkeit ist vielfältig und komplex und stellt sich jedem anders dar. Wir alle sind letztlich Blinde, welche die Wirklichkeit nicht sehen können. Wenn wir uns die Neugier erhalten und unsere eigene Sicht wertschätzend in den gemeinsamen Dialog einbringen, haben wir jedoch die Chance, unser Verstehen gemeinsam zu erweitern. Unübertroffen verdeutlicht wird dies durch die Geschichte von Buddha über die Blinden und den Elefanten.

Wertschätzende Begegnung mit anderen

Jeder Blinde befindet sich an einer anderen Stelle des Elefanten. Jeder nimmt nur einen Ausschnitt der Wirklichkeit wahr, glaubt sich jedoch im Besitz der Wahrheit. Wer am Schwanz sitzt, denkt, es sei ein Strauch; wer das Ohr unter seinen Händen hat, meint, es sei ein Blatt; wer unter dem Bauch sitzt, meint, er befinde sich in einer Höhle. Wie können die Blinden die Wirklichkeit (den Elefanten) erkennen? Einzig indem sie miteinander kommunizieren, sich wechselseitig ihre Sichtweise vortragen, sich achtsam zuhören und gemeinsam lernen. So können sie der Wirklichkeit näher kommen. Sie gedanklich vollständig zu erfassen, ist illusorisch.

Angewendet auf unsere Kommunikationsbeziehungen heißt dies: Wir alle sind Blinde. Doch wir haben die Chance, durch wertschätzende Kommunikation mit dem/den anderen unser eigenes Verstehen zu erweitern: Indem ich erkunde, wie andere die Dinge sehen, öffne ich mich für einen Aspekt der Wirklichkeit, den ich noch nicht gesehen habe. Indem ich anderen mitteile, wie ich die Dinge sehe, eröffne ich ihm/ihr die Möglichkeit, ihre Sicht der Dinge zu erweitern. Das Ergebnis ist, dass wir beide lernen, weil wir unsere jeweils begrenzte Sichtweise erweitert haben.

So ist Kommunikation in einer Haltung der Wertschätzung das wichtigste Instrument, um mehr Frieden in unseren Beziehungen herzustellen. Statt den anderen in seinen Ansichten und Einsichten abzuwerten, erweitern wir gemeinsam das Feld des Verstehens. Um es an einem besonders drastischen Beispiel zu verdeutlichen: Statt die Terroristen pauschal zu verurteilen und zu stigmatisieren, wäre es lohnend, ihre Sicht der Realität besser zu kennen und daraus zu lernen, was es zu lernen gibt. Eine Welt ohne Terror kann nicht entstehen, wenn wir die Kommunikationsbrücken abbrechen. Doch wir brauchen gar nicht so weit auszuholen. Die Chance, das eigene Verstehen zu erweitern, ergibt sich täglich, stündlich, an jedem Ort, wo immer wir sind: in der Familie, gegenüber den Nachbarn, im Büro, in der Straßenbahn, im Sportclub.

Wertschätzung durch Worte äußern

Wertschätzung wird vielfach verwechselt mit Lob und Anerkennung. Dass es mehr ist, nämlich eine Haltung des Herzens, aus der wir uns selbst und anderen beggenen, haben die vorangehenden Kapitel gezeigt. Doch Wertschätzung wird auch dadurch transportiert, dass wir wertschätzende Worte finden. Wenn wir möchten, dass sie von den Adressaten unserer Äußerungen wirklich als wertschätzend erlebt werden kann, braucht es dazu zweierlei:

- Dass die Wertschätzung ehrlich gemeint ist.
- Dass die Person erfährt, warum sie wertgeschätzt wird.

Jemanden loben, ohne dass ich dies so meine, hat nichts mit Wertschätzung zu tun. Es ist eine Unwahrheit. Jemanden kritisieren, wenn ich eigentlich mit ihm oder ihr zufrieden bin, hat genauso wenig mit Wertschätzung zu tun, selbst dann, wenn diese Person ein kritisches Feedback haben wollte. Wertschätzend bin ich erst dann, wenn ich ehrlich mir selbst und dem anderen gegenüber bin. Damit verbietet sich jede Lobhudelei, jedes Schönreden, jedes Nach-dem-Mund-Reden. Eine Verkäuferin, die ihrer Kundin ein Kleid aufschwätzt, das ihr nicht steht, mag noch so viele reizende Worte über die Kundin verlieren – wertschätzend war sie damit nicht. Und es steht zu hoffen, dass die Kundin dies letztlich merkt und das Geschäft nie wieder aufsucht. Ein Student, der eine akzeptable, aber keineswegs seinen Fähigkeiten entsprechende Leistung abgibt, erfährt von mir keine Wertschätzung, wenn ich ihn bereitwillig lobe. Wertschätzung hat also immer mit Ehrlichkeit zu tun – allerdings mit einer Ehrlichkeit, die mit der Weisheit des Herzens gepaart ist.

Verbinden sich Ehrlichkeit und Wertschätzung, dann laufe ich nicht Gefahr, rücksichtslos oder unfreundlich zu werden. Ich muss nichts beschönigen, selbst wenn ich aus einer Haltung der Wertschätzung heraus Kritik üben möchte. Doch ich bin angehalten, dabei Worte und einen Ton zu wählen, die den anderen achten und darauf Rücksicht nehmen, was er oder sie verarbeiten kann. Menschen mit Rang und Macht stehen dabei vor einer besonderen Herausforderung. Ihnen wird von der Umwelt in der Regel sehr viel Macht zugeschrieben. Der Chef/die Chefin hat mit ihren Worten einen größeren Nachhall als der Kollege/die Kollegin. Was ein Minister sagt, wird von Tausenden von Mündern wiedergegeben. Noch mehr gilt dies von Regierungschefs, hochgestellten Geistlichen oder den modernen Göttern, den Sportlern, den Film- und Medienstars. Jedes ihrer Worte wird wie mit einem Trichter in die Welt hinausposaunt und vergrößert. Die Medien greifen sie auf, vervielfältigen sie und legen sie in aller Munde. Deswegen will der Umgang mit Macht gelernt sein. Er verlangt im Sprechen größte Achtsamkeit und Behutsamkeit und eine Kenntnis der eigenen Wirkung. Die Schule der Diplomatie war und ist nicht ohne Grund vor allem eine Schulung des Wortes und seines Gebrauchs. Und was dort zwingend ist, ist in vielen weiteren Feldern wünschenswert – in Schule, Universität und Büro, im Privaten, am Arbeitsplatz und in der Öffentlichkeit.

Möchte ich einem Menschen Anerkennung schenken, dann kann diese leichter angenommen werden, wenn die betreffende Person erfahren kann, wofür ihr diese Anerkennung gezollt wird. Ein »Das hast du gut gemacht« genügt nicht.[27] Es braucht die inhaltliche Begründung, damit die Anerkennung nachvollziehbar ist und geglaubt wird. Dazu einige Beispiele: Ich bin zum Essen gebeten und möchte mich bedanken: »Das Essen hat wunderbar geschmeckt. Vielen Dank, dass du es gekocht hast, obwohl du so wenig Zeit hattest.« »Ich mag dieses Buch besonders gern; und es war genau das, was ich mir heute gewünscht habe, weil mich das Thema interessiert.« Im Berufsleben könnte ein Dank an den oder die MitarbeiterIn lauten: »Diese Vorlage ist ausgezeichnet. Sie haben es fertig gebracht, die wichtigen Fragen schlüssig aufzulisten und dazu Vorschläge zu unterbreiten. Damit kann ich gut weiterarbeiten. Es entlastet mich sehr.« Wenn ich unseren viel gescholtenen Politikern und Politikerinnen Anerkennung geben möchte, kann ich sagen: »Ich danke Ihnen für Ihren Einsatz in dieser Sache. Ich weiß, wie schwierig es ist, angesichts so vieler widerstreitender Interessen ein wichtiges Anliegen zu vertreten. So bewundere ich Ihre Klarheit in der Sache und die Geradlinigkeit und Redlichkeit, mit der Sie es vertreten.«

Wird Menschen in dieser Weise Anerkennung entgegengebracht, so haben sie eine Chance, sie anzunehmen. Sie können hören und – hoffentlich – auch spüren, dass sie aus einer Haltung der Wertschätzung gegeben wird und nicht einfach nur dahergeredet wurde.

Stützen für die wertschätzende Begegnung mit anderen

Seien Sie nicht ungeduldig mit sich selbst, sondern freuen Sie sich auch über die kleinen Erfolge auf dem Weg zu einem wertschätzenderen Umgang mit anderen. Dies wird umso leichter, je mehr Sie akzeptieren, dass auch Sie selbst nicht fehlerfrei sind. Das lässt Sie toleranter gegenüber Ihrer Umwelt werden.

Gehen Sie gegebenenfalls zurück zu den Stützen für den Dialog nach innen und lassen Sie zu, dass Sie sich selbst so annehmen, wie Sie sind. Erst diese Selbstakzeptanz macht Sie wirklich frei von Selbstvorwürfen oder Gefühlen der Schuld und der Scham, gegen die Sie ankämpfen müssten. Wenn Sie sich in all Ihrer Vorläufigkeit und Unvollkommenheit annehmen können, werden Sie viel leichter frei für Änderungen.

Wichtig auf dem Weg zu einer wertschätzenden Kommunikation ist die Beobachtung und Neuausrichtung der eigenen Gedanken. Entziehen Sie der ewigen Kritik den Boden und lenken Sie Ihre Energie in Richtung Wertschätzung um.

Die Zunge beherrschen

- Unterbinden Sie die Tendenz, über andere schlecht zu denken. Stoppen Sie sich bereits auf der Ebene der Gedanken!
- Vermeiden Sie es, über andere in deren Abwesenheit schlecht zu reden.
- Vermeiden Sie jede üble Nachrede!

Die Macht der Gedanken konstruktiv nutzen

- Prüfen Sie Ihre Haltung: Sind Sie mit sich und anderen ehrlich?
- Suchen Sie sich eine Person, mit der Sie Probleme haben. Lenken Sie Ihre Aufmerksamkeit auf ihre Stärken und Potenziale. Bringen Sie diese wertschätzende Energie in den Kontakt mit der Person ein und beobachten Sie, was sich in der Beziehung ändert!
- Wählen Sie eine Person, der Sie gerne mehr Wertschätzung gegenüber aufbringen möchten. Suchen Sie einen günstigen Moment und sagen Sie der Person, was und warum Sie sie wertschätzen! Wiederholen Sie dies mit anderen Personen und in weiteren Situationen!
- Lenken Sie Ihre Aufmerksamkeit auf eine Begegnung mit anderen, die Sie bisher belastet und mit der Sie weiterhin im Unfrieden sind. Suchen Sie drei Aspekte dieser Situation – sozusagen das Gute im Schlechten –, bei denen Sie aus innerer Überzeugung sagen können, dass es so, wie es ist, gut ist – ohne dass sich dabei noch irgendetwas ändern müsste!
- Wählen Sie eine Problemgeschichte, die Sie anderen über Ihre Situation erzählt haben. Formulieren Sie diese Geschichte für sich so um, dass daraus eine Geschichte des Lernens, des Wachsens und des Guten in Ihrem Leben wird. Suchen Sie sich einen Menschen, dem sie diese umformulierte Geschichte erzählen.

- Wählen Sie (als Eltern, ChefIn, Kolleg(e)In, LehrerIn) eine Aufgabe, bei der Sie bisher zweifeln, ob die Person(en) in Ihrem Umfeld dieser Aufgabe gewachsen sein werden. Entwickeln Sie Vertrauen in deren Leistungsfähigkeit und kommunizieren Sie dieses Vertrauen. Würdigen Sie die Leistungen, die sich einstellen, und freuen Sie sich an Ihrer eigenen Fähigkeit, Vertrauen zu schenken.

Zuhören als Wertschätzung

- Entwickeln Sie eine Haltung der achtsamen Neugierde!
- Erkunden Sie die Sicht- und Vorstellungsweisen Ihres Gegenübers!
- Wenn ein Mensch innere oder äußere Konflikte hat: Geben Sie ihm den Raum Ihres zugewandten Zuhörens in dem Vertrauen, dass er oder sie Wege finden kann, den Konflikt für sich produktiv zu lösen.
- Seien Sie behutsam mit Ratschlägen und vertrauen Sie in die Selbstregulierungsfähigkeit Ihres Gegenübers.

Sich dem anderen zumuten als Wertschätzung

- Je machtvoller Ihre Position ist, desto behutsamer gilt es vorzugehen.
- Wenn Sie sich als ohnmächtig erleben: Auch Ohnmächtige üben Macht aus, nur in einer selbstentwertenden und verdeckten Form. Die eigene Macht (wieder) anzunehmen und sie wertzuschätzen, ist der erste Schritt. Dem anderen wertschätzend gegenüberzutreten, ist der zweite Schritt.
- Vergewissern Sie sich, dass Sie den anderen gehört und verstanden haben!
- Finden Sie den Mut, für Ihre Haltung und Ihre Vorstellungen einzustehen!

- Teilen Sie sich in einer Haltung der Wertschätzung sich selbst und dem anderen gegenüber mit!
- Suchen Sie nach einer Verständigungsebene, in der die eigene und die Sicht des/der andere(n) enthalten ist!

Die richtigen Worte finden

- Überprüfen Sie Ihre Sprache und Ihre Haltung auf Ehrlichkeit!
- Seien Sie »Fortiter in res, suaviter in modo« – Klar und kraftvoll in der Sache, sanft und behutsam in der Form!
- Begründen Sie Ihre Einschätzungen, damit Ihr Gegenüber Sie verstehen kann. Das gilt auch für Worte der Wertschätzung!

Wertschätzende Begegnung mit der natürlichen Mitwelt

Die Natur ehren

Die Welt der Pflanzen, der Tiere, der Mineralien vergessen wir nur allzu leicht. Wir setzen sie als selbstverständlich voraus, statt sie wertzuschätzen. Zumindest gilt dies für die Menschen in den satten Regionen der nördlichen Erdhalbkugel, in denen kein Mangel an Wasser und Nahrung besteht. Und doch ist das Geschenk einer intakten und dem Menschen wohl gesonnenen Natur alles andere als selbstverständlich. Die Erde mit ihrer unendlichen Fülle ist die Grundlage für unser Leben. Sie gibt uns Boden, Wasser, Luft, Pflanzen und Tiere, die wir für unsere Grundbedürfnisse brauchen. Die Erde und den Kosmos in allen seinen Hervorbringungen zu ehren, war daher in früheren Zeiten selbstverständlich. Sonne und Mond, Wind und Wasser, die Pflanzen und die Tiere wurden und werden in traditionellen Kulturen immer noch als Götterwesen verehrt, denen der Mensch seine Ehrfurcht erweisen muss, damit sie mit ihm zusammenarbeiten. Das Erntedankfest ist in unserem Kulturraum vermutlich die letzte Erinnerung an diese Art der achtsamen und respektvollen Kommunikation zwischen Mensch und Natur.

Die Beziehung zwischen Mensch und Natur ist nicht einseitig. Die Natur antwortet auf unser Verhalten in der ihr eigenen schöpferischen Wirkmächtigkeit. Indem wir mit der Natur umgehen, sie beackern, sie kultivieren, ihre Reichtümer nutzen, verändern und beeinflussen wir sie und sie wirkt in dieser veränderten Form wiederum zurück. Es ist eine wechselseitige Abhängigkeit, die Achtsamkeit verlangt[28] – eine Achtsamkeit, die wir kollektiv und individuell schmerzlich vermissen lassen.

Mangelt es an dieser Ehrfurcht und handelt der Mensch wider die Ordnung der Natur und ihrer Gesetze, dann – so lehren die alten Kulturen – verweigert sie sich: Der ersehnte Regen bleibt aus oder er kommt im Übermaß und zur Unzeit; die Pflanzen gedeihen nicht; die Tiere verhungern oder werden krank; Heuschreckenplagen und Epidemien greifen um sich. Wo der Mensch aufhört, achtsam mit der Natur zu kooperieren und vergisst, ihre Gesetze zu respektieren, scheint die Natur auf gleiche Weise zu antworten; sie kündigt die Kooperation auf. Um die natürliche Ordnung wieder herzustellen, muss die Natur daher ›besänftigt‹ werden – durch Rituale, Opfer oder Handlungen, die Ausdruck einer Haltung der Ehrfurcht vor den Eigenkräften der Natur sind. Solche Wertschätzung, die sich in einem anderen Umgang mit der Natur niederschlägt, hilft dann, die natürlichen Gleichgewichte wieder herzustellen. Folgt man dieser Sicht, so kann Heilung der Natur und der Beziehungen zwischen Mensch und Natur dann geschehen, wenn der Mensch zu einer Haltung des Respekts vor der natürlichen Ordnung und ihren Gesetzen zurückfindet.

Der Körper des Menschen und der Körper der Natur

Doch nicht nur das, was hier als ›natürliche Mitwelt‹[29] bezeichnet wird, ist ›Natur‹. Wir sind es auch. Im westlichen Denken ist die Natur das andere: Hier sind die Menschen, dort ist die Natur. Der Mensch begreift sich nicht als Teil der Natur, sondern als derjenige, der die Natur wie ein Objekt nutzt. Sie scheint ihm unbeschränkt zur Verfügung zu stehen, frei nach seinem Gutdünken.

Solche Sicht enthält eine gefährliche Illusion, denn mit unserem Körper haben wir teil an dieser Natur. Auch unser menschlicher Körper folgt natürlichen Gesetzen und Rhythmen; er funktioniert nach Regeln, die wir nicht setzen können. Er ist aus denselben Elementen gemacht wie die natürliche Mitwelt: Wir atmen die Luft, die die Pflanzen produzieren. Wir trinken das Wasser, das nicht nur unser wichtigstes Lebensmittel ist, sondern wir sind selbst zu rund achtzig Prozent Wasser. Körperlich sind wir vollkommen abhängig davon, dass die Sonne und die durch sie hervorgebrachte Fülle – die Welt der Pflanzen, Tiere und Mineralien – uns das gibt, was wir brauchen. Wir sind Natur, wir leben von der Natur und wir sind in der Natur. Wir sind total eingebunden in das Leben und Weben der Natur.

Dies hat weit reichende Folgen: Wenn wir der natürlichen Mitwelt wertschätzend begegnen möchten, können und müssen wir beim eigenen Körper beginnen. Wir können lernen, die Natur zu ehren, indem wir unserem Körper, mit dem wir an dieser Natur teilhaben, die Achtung entgegenbringen, die er braucht und verdient. Der Körper ist, wie es in der Bibel heißt, der ›Tempel Gottes‹.[30] Er ist geistig beseelt. Doch als Körper verlangt er, dass wir die Gesetze befolgen, die auf der Ebene der Natur gelten. Der Körper ist unter bestimmten Bedingungen gesund: wenn er eine bestimmte Körpertemperatur hat, wenn er reine Luft einatmen kann, wenn ihm gesunde Flüssigkeit und Nahrung zugeführt werden, wenn er sich mithilfe der körpereigenen Rhythmen selbst regulieren kann, ohne darin gestört zu werden, und wenn er nicht durch emotionalen Stress übermäßig in Mitleidenschaft gezogen wird.

Der Körper wird hingegen krank und leidet, wenn wir die natürlichen Gesetze nicht beachten, die er für sein Wohlergehen braucht: falsche Flüssigkeiten oder Nahrung, Mangel an Bewegung, belastete Rohstoffe, permanenter Stress. Körperliche Heilung – so können wir analog schlussfolgern – erfordert daher, dass der Mensch begreift, dass sein Körper Natur ist, die ihren eigenen Gesetzen folgt und dass er diesen Gesetzen Respekt entgegenbringen muss. Statt ihn als eine Maschine zu entwerten, die zu funktionieren hat, gilt es, wertschätzend mit dem Körper zu kooperieren.

Der Mensch ist, was er isst

Nicht alles steht in unserer individuellen Macht, doch wir können die Kooperation zwischen Mensch und Natur fördern, indem wir unseren eigenen Lebensstil ändern und damit für Politik und Wirtschaft Impulse geben, um den Weg zu einer wertschätzenderen Weise des Konsumierens und Produzierens zu ebnen.

Der wichtigste Hebel zur Änderung liegt bei der Nahrung. »Der Mensch ist, was er isst«, so lautet eine uralte Weisheit.

Wie eng der Zusammenhang zwischen der Art der Nahrung und unserer geistig-seelisch-körperlichen Verfassung ist, haben vor allem die asiatischen Völker erforscht. Im Ayurveda, der Lehre vom langen, gesunden Leben, unterscheidet man zwischen drei so genannten doshas, das heißt Energieprinzipien, die im Körper wirken. Sie sind in je unterschiedlicher Kombination bei einem Menschen vorhanden: vata (Luft), pitta (Feuer), kapha (Erde und Wasser). Die Art der Nahrung und die Bedingungen, unter denen wir sie zu uns nehmen, regen diese doshas in unterschiedlicher Weise an. Stark gewürzte oder zu heiße Nahrung, Fleisch oder Alkohol erhöhen zum Beispiel pita und damit den Aktivitätsdrang eines Menschen. Zu reichliche Nahrung, industrialisierte Nahrung, Industriezucker sowie gekochte und erkaltete Nahrung fördern hingegen tamas und damit Trägheit und Antriebslosigkeit.

So wie in der Natur ein Übermaß an Wind/Luft/Vata zu Trockenheit führt, so führt im menschlichen Körper ein Übermaß an Vata, zum Beispiel durch ein Übermaß an geistiger Aktivität, zu Beschwerden aller Art: in den Gelenken, im Verdauungssystem. Die individuell richtige Balance zwischen den doshas (wieder) herzustellen, ist daher die Aufgabe der ayurvedischen Ärzte. Sie empfehlen eine vegetarische Nahrung, die möglichst wenig bearbeitet worden ist, das heißt weitgehend so belassen ist, wie die Natur sie uns gibt. Das bedeutet: keine industrielle Verarbeitung, wenig Kochen und Anreichern, sparsam würzen. Außerdem soll reichlich Wasser getrunken werden, um die Selbstreinigung des Körpers zu unterstützen. Industriezucker ist für den Körper ebenso Gift wie Kaffee.[31] Ganz ähnliche Vorschläge finden sich in der tibetischen Küche[32] oder bei den verschiedensten Ernährungslehren, wie sie in Deutschland vertreten werden.[33]

Gelingt die Ausbalancierung der drei doshas, so wird nach der Lehre des Ayurveda der Weg frei für einen Zustand jenseits von Trägheit (tamas) oder Aktivismus (raja). Es ist der satvische Zustand, bei dem sich, von guten Körperfunktionen unterstützt, auf der seelisch-geistigen Ebene Gelassenheit und Gleichmut einstellen. Genau dies wiederum fördert eine Haltung der Wertschätzung mir selbst und anderen gegenüber. Wenn ich träge und stumpf bin, kann ich mich selbst und andere genauso wenig wertschätzen, wie wenn ich mich von Aktivismus, starken Emotionen oder Gedanken von meiner Mitte abziehen lasse.

Ein satvischer Zustand wird durch satvisches Essen gefördert, und das ist mehr als nur frische Kost, Früchte, Joghurt und Buttermilch. Er beinhaltet nach Auffassung des Ayurveda auch die richtige Einstellung und Haltung beim Essen selbst. So soll in Ruhe und ohne Ablenkung gegessen werden, eine Empfehlung, die sich nicht mit unserem verbreiteten Fernsehkonsum beim Essen, womöglich mit blutrünstigen Nachrichten oder Filmen, verträgt.

Zur Nahrung gehört auch die Sinnennahrung, denn unsere Wahrnehmungen sind die Nahrung für unsere Sinne und damit für unseren Geist. Wer Diät einhalten oder fasten will, tut dies – nach Auffassung des Ayurveda – erst wirklich, wenn er oder sie auch hinsichtlich der Sinnennahrung Diät einhält. Dahinter steht das Wissen, dass wir nicht nur Nahrung verdauen, sondern unser Geist auch (Sinnen)Nahrung verarbeitet. Die richtige Sinnennahrung unterstützt daher das seelische und mentale Gleichgewicht. Zur guten Sinnennahrung für Augen, Ohren, Nase und Haut gehören insbesondere: Ein gesundes Umfeld mit guter Luft und ästhetischer Qualität, ein Umgang mit Menschen, mit denen wir einen uns wechselseitig bereichernden Austausch pflegen können, ein Umgang mit Aufgaben und Dingen, der von Respekt und Achtsamkeit geprägt ist, und eine zeitlich begrenzte und qualitativ hochwertige Mediennahrung welcher Art auch immer. Indem solche Sinnennahrung auf der seelisch-geistigen Ebene Gleichmut und Ausgeglichenheit fördert, verhilft sie auch dem Körper zum Wohlbefinden[34] und umgekehrt.

Last but not least: Im Westen gehen Bewegungsmangel und extremer Stress miteinander einher. Umso wichtiger ist es, Wege zu finden, wie körpereigene Rhythmen wieder zu ihrem Recht kommen können. Regelmäßige Pausen und Bewegung an der frischen Luft helfen dem Körper, sich selbst besser auszubalancieren, und unterstützen damit seelisch-geistiges Wohlbefinden.

Ein Lebensstil, der Pflanzen, Tiere und die natürlichen Ressourcen wertschätzt

In solcher Weise gut mit dem eigenen Körper und mit sich als geistigem Wesen umzugehen, steigert nicht nur deutlich das körperlich-seelisch-geistige Wohlbefinden. Es drückt auch einen Lebensstil aus, der sich fundamental von der Art und Weise unterscheidet, in der die meisten Menschen im Westen leben. Würden wir ihn stärker pflegen, dann täten wir bereits unendlich viel für einen wertschätzenden Umgang mit Pflanzen, Tieren und den natürlichen Ressourcen.

In der ökologischen Forschung gibt es das Konzept des ›ökologischen Rucksacks‹.[35] In ihm befinden sich alle ökologischen Belastungen für Erde, Wasser, Luft und Atmosphäre, die durch die Art unseres Konsums, unserer Mobilität und unseres Produzierens entstehen. Die Missachtung unserer körperlichen Bedürfnisse hat dramatische Folgen für den ökologischen Rucksack. Die industrielle Nahrungsproduktion basiert auf dem Einsatz von Chemikalien, die alle Naturkreisläufe belasten.

Genmanipulation fügt dem noch eine weitere Dimension hinzu, indem sie die ›weise‹ schöpferische Eigenaktivität der Natur aufgrund menschlicher Vorstellungen manipuliert und in nicht vorhersehbarer Weise verändert. Belastend ist überdies ein hoher Energieverbrauch für Nahrungsherstellung, -lagerung und -verkauf sowie für Verpackung und Transport der Nahrung rund um den Globus. Die Folge all dessen: Im Westen wird Nahrung konsumiert, die für den menschlichen Körper in hohem Maße ungesund ist. Und die Industrien der Nahrungsmittelherstellung, der Verpackung und des Transports belasten durch die Art ihres Wirtschaftens nachhaltig den Körper der Erde und seine natürlichen Kreisläufe.

Ein besonders trauriges Kapitel ist unser Verhältnis zur Welt der Tiere. Es ist noch keine hundert Jahre her, dass Fleisch- und Fischkonsum zumindest in Deutschland die Ausnahme waren. Weltweit ernährten sich die meisten Menschen strikt vegetarisch. In der Sprache des Ayurveda könnte man sagen: Zumindest in dieser Hinsicht ernährten sich die Menschen satvisch. Doch die industrielle Massentierhaltung der letzten fünfzig Jahre räumte mit dieser Gewohnheit gründlich auf. Auch hier hat der Westen eine ungute Vorreiterrolle. Auf dem Hintergrund eines rationalen Weltbildes wird den Tieren leichter eine Seele abgesprochen. Dass der Fleisch- und Fischkonsum auf die geistige und seelische Verfassung Auswirkungen hat, erscheint Menschen im Westen eher absurd, in Asien gehört es zum Teil noch zum selbstverständlichen Wissen.

Ein Verzicht auf Massentierhaltung würde die Nahrungsnot auf dem Globus dramatisch eindämmen. Das weiß man längst. Bekannt ist auch, dass die Naturkreisläufe stark entlastet würden, da die Gülle der Tiere nicht ausreichend abgebaut werden kann. Die toxische, antibiotische und hormonelle Belastung der Tiere und der von ihnen gewonnenen Fleischnahrung beeinträchtigt nicht nur den menschlichen Körper, sondern auch das Grundwasser. Auch bei den Fischen gibt es Probleme: Ihre Bestände gehen dramatisch zurück, einerseits wegen der voranschreitenden Umweltbelastung der Meere, andererseits weil die Meere überfischt werden. All dies ist seit Jahren kein Geheimnis mehr. Es ist von den Medien in alle Regionen der Welt kommuniziert worden. Doch es führt anscheinend nicht zu einer Verhaltensänderung. Selbst dramatische Epidemien der letzten Jahre wie zum Beispiel die Rinderseuche BSE, Vogelgrippe, Schweine- und Hühnerpest führen nicht zu nachhaltigen Änderungen, obgleich kaum einer von den entsetzlichen Bildern verbrannter Tierkörper, die durch die Medien gehen, verschont blieb. Ein kurzes Strohfeuer, eine kleine Weile der Verhaltensänderung, und dann gehen die meisten Menschen wieder zu den gewohnten Konsummustern über. Wertschätzung sich selbst und der natürlichen Mitwelt gegenüber fällt offenbar schwer. Wir scheinen blind dafür zu sein, dass wir uns doppelt Schaden zufügen: uns selbst als Körper und dem Körper Erde und allen seinen Bewohnern.

Wie wir mit der Erde umgehen, ist der Spiegel unseres Umgangs mit uns selbst. Ändern wir den Umgang mit uns selbst und bringen wir dem Körper die Achtung entgegen, die er zu seinem Wohlbefinden braucht, dann tun wir etwas für den Körper der Erde. Noch transportiert der Westen sein unheilvolles Konsummuster rund um den Globus, mit verheerenden Folgen für die menschlichen Körper und für den Körper Erde.

Wollen wir hier zu einer wertschätzenden Haltung kommen, brauchen wir mehr Achtsamkeit gegenüber der Tatsache, dass wir selbst Teil der Natur sind. Was derzeit vielleicht als Verzicht erscheint, erweist sich dann als dreifacher Gewinn: indem wir uns anders ernähren, fördern wir einerseits unser körperliches Wohlbefinden und andererseits unsere seelisch-geistige Gesundheit, und: Mit einer solchen Änderung unseres Lebensstils leisten wir drittens einen großen Beitrag, damit sich die Welt der Pflanzen und Tiere, der Mineralien und der Kreisläufe des Wassers und der Luft von unseren zerstörerischen Eingriffen erholen kann. Die Natur hat eine ungeheure Fähigkeit der Selbstregulierung. Wenn wir ihr dazu Zeit und Raum geben, dann kann sie aus ihrer schöpferischen Kraft heraus viel heilen. Um zu solcher Kooperation von Mensch und Natur zu kommen, müssen wir uns jedoch zunächst eingestehen, wie wir mit dem eigenen und dem Körper der Erde umgehen. Dann erst kann der transformatorische Zyklus der Wertschätzung seine heilende Wirkung entfalten.

Eine andere Art der Mobilität

Als ich Mitte der Siebzigerjahre meine erste Arbeitsstelle in einem auf Verkehrsforschung spezialisierten Institut antrat, lernte ich etwas Überraschendes: Die Verkehrsforschung hatte in der Vergangenheit im so genannten ›modal split‹ weder die Fußwege noch die Fahrradwege berücksichtigt. Im modal split werden die unterschiedlichen Arten der Fortbewegung unterschieden. Dabei hatte sich ein schwerwiegender konzeptioneller Irrtum eingeschlichen. Man berechnete Fortbewegungen mit dem Flugzeug, mit Bus und Bahn, mit dem Auto. Aber man hatte vergessen, dass die wichtigste Form menschlicher Fortbewegung das Gehen ist, und dass Menschen bequem und ohne große Mühe mit dem Fahrrad auch größere Distanzen zurücklegen können. Die Folgen solcher Blindheit sind weit reichend: Was man nicht sieht, dem gibt man auch keine Aufmerksamkeit bzw. umgekehrt. Verkehrspolitisch bedeutete dies, dass bauliche Maßnahmen massiv den motorisierten (Individual-)Verkehr förderten und die Fuß- und Radwegeverbindungen sträflich vernachlässigten.

Vergleicht man die damalige Situation mit der heutigen, so hat sie sich in zwei Richtungen weiterentwickelt: Es gibt Kräfte, die diesen Zustand zu korrigieren suchen, und eine mächtige Lobby betreibt weltweit weiterhin den ungebremsten Ausbau des motorisierten Individualverkehrs. Soweit Korrekturmaßnahmen an der autofreundlichen Politik ergriffen werden, stärken sie den so genannten Umweltverbund. Geschaffen werden dann Tempo-30-Zonen mit Fußwegen, verkehrsberuhigte Zonen, Fahrradwege und Fahrrad-Wegenetze, und es kommt zum Ausbau von Bus- und Bahnverkehr. Solche Maßnahmen, mit Entschiedenheit verfolgt, können zu erstaunlichen Erfolgen führen.[36] Erfolg heißt dabei immer: Motorisiertes Verkehrsaufkommen wird vermieden und die Mobilitätsbedürfnisse lassen sich dennoch zufrieden stellend erfüllen.

Der gesellschaftlich vorherrschende Trend, sowohl in den Industrieländern als auch in den Schwellenländern und in den ärmsten Entwicklungsländern, ist jedoch anders. Er führt zu einem dramatisch ansteigenden motorisierten Verkehrsaufkommen. Die Automobilindustrie ist das Rückgrat des ökonomischen Wohlstands nicht nur in Deutschland. Wo immer sie volkswirtschaftlich bedeutsam ist oder gefördert wird, schreitet der Ausbau des motorisierten Individualverkehrs durch entsprechende Infrastrukturmaßnahmen ungebremst voran. Dabei geht die Expansion der inländischen Märkte aufs Engste mit der Expansion der Exportmärkte einher. Dementsprechend nimmt die Belastung der Menschen, der Städte und der Landschaften in den Industrieländern, aber noch dramatischer in den Entwicklungsländern, zu: Abgase, Lärm, Zerstörung öffentlichen Raums und Versiegelung des Bodens mindern die Lebensqualität. Ganz besonders verheerend sind die Folgen in den tropischen und subtropischen Entwicklungs- und Schwellenländern. Dort können die Infrastrukturen das steigende Verkehrsaufkommen und die steigende

Pkw-Dichte nicht kanalisieren. Überdies wird dort die Luft mit minderwertigem Kraftstoff besonders belastet.

Diese Trends sind derzeit stabil. Alle Prognosen gehen von einem weiterhin steil ansteigenden Verkehrsaufkommen aus, sowohl in den Industrieländern als auch in den Schwellenländern und den ärmsten Entwicklungsländern. Die mächtige Lobby der Automobilindustrie, von der wir in den Industrieländern profitieren, wirkt daran ebenso mit wie die so genannte just-in-time Produktion, bei der die Lagerhaltung auf die Straße verlagert wird. Hinzu kommt, dass im Zuge der Globalisierung die grenzüberschreitenden Warenströme ansteigen, was wiederum das Verkehrsaufkommen erhöht. Last but not least erzeugen die Folgen des ungebremsten Verkehrsanstiegs selbst einen zusätzlichen motorisierten Verkehr. Der Grund ist einfach: Die Bedingungen im öffentlichen Raum sind vielfach so unwirtlich und gefährlich geworden, dass sich eine Fortbewegung zu Fuß und mit dem Rad verbietet.

Auch der Flugverkehr steigt ungebremst an. Trotz eines kurzzeitigen Rückgangs des Flugaufkommens nach dem 11. September 2001 geht der Ausbau ohne Rücksicht auf Mensch und Natur weiter. Der zivile Flugverkehr startete als Luxus für Geschäftsleute. Später kam der Flugtourismus rund um den Jahresurlaub hinzu. Heute, in Zeiten der Billigflieger, wird Flugtourismus zur Massenveranstaltung am Wochenende. Wie beim Straßenverkehr auch bleiben bei der Preisgestaltung – mangels entsprechender staatlicher Regulierung – die Umweltkosten weitgehend unberücksichtigt. Auch hier sind die Folgen unübersehbar: Lärm- und Luftverschmutzung nehmen dramatisch zu, ganz abgesehen von der Belastung der Atmosphäre.

Ist die Entwicklung des Verkehrs außer Kontrolle geraten? Sind die Strukturen so machtvoll, dass eine Trendänderung nicht mehr gelingen kann? Beschränkt man sich auf das bundesrepublikanische Beispiel, so gewinnt man den Eindruck, dass eine Haltung der Wertschätzung gegenüber der natürlichen Mitwelt spätestens an der Dynamik des Mobilitätsverhaltens scheitert. Die Ökosteuer auf Benzin ruft ebensolche Proteststürme hervor wie die Änderung der Kilometerpauschale bei der Steuererklärung oder Staus auf den Straßen. »Freie Fahrt für freie Bürger«, ist immer noch der Slogan, hinter den sich die meisten gerne stellen, egal welche Folgen dies für Mensch und Umwelt hat. Ist es also müßig, hier nach einer anderen Art der Mobilität zu suchen, die Mensch, Gesellschaft und die natürliche Mitwelt weniger belastet?

Mächtigen Infrastrukturen zu einer anderen Entwicklungsrichtung zu verhelfen, ist unendlich schwierig. Und doch ist es möglich. Zwei spektakuläre Beispiele zeigen dies – ein altes aus einer fremden Kultur und eines aus unserer jüngeren Vergangenheit: Auf Sri Lanka wurde im vierten Jahrhundert vor Christus unter einem der Herrscher von Anuradhapura in einer Bauzeit von rund vierzig Jahren ein riesiger Wassertank zur Sammlung des Regenwassers angelegt. Seitdem, also seit mehr als 2000 Jahren, dient er zur Bewässerung der Felder des gesamten Umlandes, und zwar bis zu einer Entfernung von achtzig Kilometern. Ungezählt sind die Menschen, die damit durch die Jahrtausende Arbeit und Brot bekamen und bekommen. Es war eine Maßnahme, die eine Kooperation mit der Natur ausdrückt. Das System fand überall Nachahmung. Alleine in den nördlichen Provinzen Sri Lankas gibt es mehr als 11.000 von Menschen angelegte Tanks, die der Bewässerung dienen.[37] Ein Beispiel aus unserem Kulturraum: Der Aufbau des Eisenbahnnetzes in Deutschland geschah in der zweiten Hälfte des 19. Jahrhunderts innerhalb weniger Jahrzehnte, das heißt, es war möglich, in kürzester Zeit Zehntausende von Eisenbahnkilometern zu bauen. Heute scheut man sich nicht, die Republik weiter mit Straßenwegen zuzubetonieren, legt jedoch

Bahnstrecken still und tut sich schwer, nur wenige hundert Kilometer Schienenwege neu zu verlegen. Dieser Vergleich zeigt, wie wenig Kraft heute in die Entwicklung des umweltfreundlichen Schienenverkehrs gelegt wird bzw. wie viel möglich wäre. Wo eine große infrastrukturpolitische Kraftanstrengung gemacht wird, bedarf es in einer Demokratie eines weitgehenden gesellschaftlichen Konsenses. Politiker können Ideen entwickeln, welche Richtung die Maßnahmen nehmen sollen; sie können sich auch mit aller Kraft dafür einsetzen. Doch wenn sie letztlich keinen Rückhalt in der Bevölkerung haben, büßen sie ihre Gestaltungsmöglichkeiten ein: sie werden abgewählt. Im Klartext heißt dies: Es braucht nicht nur eine mutige Politik, sondern auch eine hohe Lernfähigkeit und Bereitschaft der Bevölkerung, wenn es zu einer nachhaltigeren Verkehrspolitik kommen soll, die unsere Umwelt weniger belastet. Was könnte hierzu den Anreiz liefern? Menschen, Pflanzen, Tiere, Landschaften, ja sogar das ganze Klima leiden unter der gegenwärtigen Art unserer Fortbewegung. Die Mobilitätsradien werden immer größer, obwohl wir annähernd immer die gleiche Zeit für Verkehr aufwenden. Wir entfremden uns der Nähe und suchen die Ferne.[38]

Das drängt die Frage auf, ob wir den Nahraum überhaupt noch wertschätzen. Könnte es sein, dass die zentrifugalen, aus der Mitte herausführenden Kräfte, zu viel Macht gewonnen haben? Könnte es sein, dass es jetzt um die Stärkung der zentripetalen, der auf die Mitte (den Nahraum) gerichteten Kräfte geht? Diese Vermutung drängt sich jedenfalls auf, wenn man eine Analogie zur Bewegung der Menschen auf der seelisch-geistigen Ebene herstellt. Wenn sich ein Mensch zu stark auf die Außenwelt konzentriert, verliert er den Kontakt zur Innenwelt. Ein Verlust der Mitte stellt sich ein. Erst die Wertschätzung und Hinwendung zur Innenwelt heben das Ungleichgewicht auf und schaffen neue seelisch-geistige Balancen.

Analog könnte man schlussfolgern: Gerade angesichts von Globalisierung und zunehmender Mobilität geht es heute darum, wieder stärker unser unmittelbares Umfeld wahrzunehmen und es wertzuschätzen. »Think globally, act locally« – »Denke global und handle lokal« – so der bekannte Leitsatz. Wenn wir den Nahraum, unser unmittelbares Wohn- und Lebensumfeld wertschätzen, dann ist es uns auch wichtiger, es zu pflegen und in Ordnung zu halten.[39] Dies bedeutet auch, dass wir es weder zumüllen noch zulärmen noch einfach dem Verkehr übergeben. Ein anderes Verkehrsverhalten beginnt an der Ampel, wenn ich den Motor abstelle, um andere nicht mit meinem Auspuffgestank zu belasten. Es führt mich zur Nutzung des öffentlichen Personennahverkehrs, wenn ich die Stadt weniger mit Abgasen belasten will und es bringt mich schließlich dazu, Politiker zu unterstützen, die eine andere Art der Mobilität durchsetzen wollen.

Wenn Menschen in den Städten wieder mit Vergnügen zu Fuß gehen können, wenn ich kleinere Strecken, ohne Kopf und Kragen zu riskieren, mit dem Fahrrad zurücklegen kann, wenn die Stadt, in der ich lebe, eine Ortsqualität hat, die mich einlädt, mich in ihr aufzuhalten, und wenn ich bequem mit Bus und Bahn auch an weiter entfernt gelegene und auf dem Land liegende Orte gelange, dann ist es zu einer Trendwende in der Verkehrspolitik gekommen. Und wenn ich mich dann auch noch an meinem Wohnort wohl fühle, ohne an jedem Wochenende auf Tour zu gehen, dann hat sich etwas am Focus meiner Aufmerksamkeit und meiner Wertschätzung verändert. Das Nahe ist mir näher gerückt und genießt meine Wertschätzung, und das Ferne übt nicht mehr jenen Sog aus, der aufgrund unerfüllter Bedürfnisse an meinem Wohn- und Lebensort entsteht.

Produktion, Konsum und Vermarktung neu ausrichten

Nachhaltigkeit und Kreislaufwirtschaft

Die Industriegesellschaft hat eine Fülle vorher nie existierender Güter hervorgebracht. Eine mächtige Werbeindustrie und unser Lebensstil sorgen für ihren Absatz. Die volkswirtschaftlichen Strukturen sind ausgelegt auf eine kontinuierliche Steigerung von Produktion und Konsum. Damit gehen jedoch Ressourcenverbrauch und eine Belastung der natürlichen Mitwelt einher, die sich die Menschheit kollektiv nicht mehr leisten kann. Auch hier gilt es also, das Unmögliche möglich zu machen: ein anderes Projekt von Produktion und Konsum zu entwickeln, das unser aller Überleben sichert, weil es das wertschätzt, was wir zum Leben brauchen.

Was könnten die zentralen Grundlagen dessen sein? Die Natur gibt uns in Hülle und Fülle, was wir brauchen. In einer Haltung der Wertschätzung gegenüber diesen Geschenken geht es jedoch darum zu lernen, Maß zu halten und sorgsam mit ihnen umzugehen. In der öffentlichen Diskussion haben sich dafür die Begriffe der Nachhaltigkeit (sustainability) und der Kreislaufwirtschaft eingebürgert. Der Begriff Nachhaltigkeit wurde aus der Forstwirtschaft abgeleitet; er steht für eine Art des Ressourcenverbrauchs, bei dem nur so viel entnommen wird, dass die Entnahme nicht die Reproduktionsmöglichkeit der Natur übersteigt. Damit sollen zugleich die Lebensgrundlagen der nachwachsenden Generation gesichert werden.

Der Begriff der Kreislaufwirtschaft ist weniger bekannt. Er geht von der Erkenntnis aus, dass es in der Natur prinzipiell keine Abfälle gibt. Die Natur verwertet ›Abfall‹ als Grundlage für neues Wachstum. Wenn wir Ressourcen entnehmen und sie deponieren, statt sie erneut dem Kreislauf zuzuführen, verschwenden wir kontinuierlich und unwiederbringlich Ressourcen. Wir leben auf Kosten der nachfolgenden Generationen. Wirkliche Nachhaltigkeit lässt sich also nur herstellen, wenn es zu einer Kreislaufwirtschaft kommt.

Deswegen lohnt es, sich unter dem Aspekt des wertschätzenden und haushälterischen Umgangs mit natürlichen Ressourcen zu vergegenwärtigen, in welche Richtung das Projekt von Produktion und Konsum gewendet werden könnte.

Weniger ist mehr

»Die vielen Dinge machen arm«, so der Titel eines Buches, dessen Herkunft ich nicht mehr rekonstruieren kann. In der Tat: Belastet und beladen mit vielen Dingen neigen wir dazu, immer noch mehr Dinge anzuhäufen. Eine Haltung des Habens statt des Seins, wie Erich Fromm dies nannte, wird befördert.[40] Hier hilft nur eine Umkehr grundsätzlicher Art: Weniger ist mehr. Karen Kingston hat in ihrem Buch *Das Gerümpel des Alltags* wunderbar gezeigt, wie hilfreich und energetisierend es ist, wenn wir uns von den vielen, meist überflüssigen Dingen trennen.[41] Wir schaffen damit Raum in unserem Leben (nicht nur in unserer Wohnung), uns auf die wesentlichen Dinge zu konzentrieren. Der erste Grundsatz könnte daher lauten: Weniger ist mehr. Wenn wir diesen Grundsatz als Konsumenten, aber auch als Produzenten, beherzigen und in Taten umsetzen, haben wir bereits sehr viel für die natürliche Mitwelt getan.

Langlebige Güter oder Qualität statt Quantität

Kulturdenkmäler, Kirchen, Museen zeugen davon, dass Menschen es fertig gebracht haben, langlebige Güter herzustellen. Wir suchen Orte und Gegenstände, die die Zeit überdauert haben auf, weil sie uns kostbar erscheinen. Wir wertschätzen sie als Zeugen einer vergangenen Zeit und als Ausdruck hoher menschlicher Kunstfertigkeit. Sie zeigen uns, dass auch den Dingen eine gewisse Beständigkeit anhaften kann. Die Herstellung dieser Bauten und Gegenstände war äußerst zeitaufwändig. Zeit und Kraft mussten über einen langen Zeitraum auf ein Ziel ausgerichtet werden. Sie hatten daher einen hohen Wert und waren in der Regel den herrschenden Schichten und den religiösen Institutionen vorbehalten. Die Industriegesellschaft hat derartige Privilegien ›demokratisiert‹. Heute können sich alle Schichten reichlich mit Gütern eindecken. Was dabei verloren gegangen ist, ist das Gefühl für Qualität. Statt Qualität herzustellen und zu suchen, geht es bei der heutigen Produktion von Gütern vor allem um Quantität, um große Stückzahlen und um einen raschen Umschlag von Gütern mit kurzer Lebensdauer. Die angeblich saubere Elektronikindustrie liefert hierfür ein besonders verheerendes Beispiel. Ihre Produktionsweise belastet dramatisch die natürliche Mitwelt.

In der globalisierten Wirtschaft können Menschen in den Ländern, deren Währungen im internationalen Vergleich hoch bewertet sind, noch heute in den Besitz qualitativ hochwertiger langlebiger Güter gelangen: Für kleines Geld ist es mir als Touristin oder daheim dank des ungleichen Tausches möglich, kunstvoll gearbeitete handwerkliche Produkte aus Asien, Lateinamerika oder dem Nahen Osten zu kaufen, die aufgrund der

Lohnkosten im Westen sonst für mich unerschwinglich wären. Mit einer Umorientierung der Güterproduktion auf langlebige Güter hat dies allerdings nichts zu tun.

»Ich bin zu arm, um mir schlechte Kleidung zu kaufen«, war die Formulierung eines durchaus wohlhabenden Mannes, die ich nie vergessen werde. Er vertrat den Standpunkt, dass es ihn billiger zu stehen komme, ab und an ein etwas teures Kleidungsstück mit hoher Qualität zu kaufen, als wenn er – dem Trend folgend – billig, modisch und mehr einkauft. Meine anschließenden Beobachtungen sollten ihm Recht geben: die schnellen Schnäppchen, die ich der Mode folgend tätigte, landeten rasch wieder in der Altkleidersammlung. Die guten Stücke pflege ich, fühle mich in ihnen wohl, sehe darin gut aus und trage sie auch noch nach Jahren. Was für Kleidung gilt, gilt für andere Konsumgüter ebenso: Möbel, Autos, Kücheneinrichtung, Werkzeug, Spielzeug, selbst Medienprodukte vom Buch bis zum Fernseher – wir können unser Konsumverhalten auf Zeitlosigkeit und Qualität oder auf Mode und Quantität ausrichten.

Der Weg könnte also sein: Weniger ist mehr. Und: Von der Schnäppchenkultur hin zu einem Konsumverhalten, bei dem ich das, was ich zu mir nehme (auf allen Ebenen) in seinem Eigenwert so sehr wertschätze, das ich ihm in meinem Leben einen angemessenen Platz einräume. Die Werte, nach denen das System von Produktion und Konsum ausgerichtet wird, können sehr verschieden sein. Doch mit einer Ausrichtung auf langlebige hochwertige Güter, für die wir als Produzenten und Konsumenten auch preislich einstehen, leisten wir für die Entlastung der natürlichen Mitwelt einen entscheidenden Beitrag.

Ressourcen- und umweltschonend produzieren und vermarkten

Das Ziel, ressourcen- und umweltschonend zu produzieren, hat die Umweltpolitik der letzten zwei bis drei Jahrzehnte am stärksten geprägt. Das so genannte Verursacherprinzip hat inzwischen viele Anhänger in der Politik, ja sogar in der Wirtschaft gefunden. Es besagt, dass derjenige, der Umweltschäden durch die Art seiner Produktion verursacht, für diese auch finanziell aufkommen muss. Die Folge dessen war und ist, dass die Weise des Produzierens umweltverträglicher geworden ist. Auch die Produkt- und Dienstleistungspreise geben zumindest teilweise ein realistischeres Bild der tatsächlich entstehenden Kosten wider. Das Kyoto-Protokoll zum Klimaschutz, UN-Seerechtskonventionen, Umweltaktionsprogramme der Europäischen Union, Agenda 21-Prozesse im Gefolge der großen internationalen Umwelt-Konferenzen von Rio de Janeiro 1992 und Johannesburg 2002, Ökosteuern, TA-Luft und vieles andere mehr – all dies sind internationale und nationale Versuche, die natürliche Mitwelt durch eine Beachtung von Umweltstandards zu entlasten. Überdies sollen EMAS-Zertifizierungen sicherstellen, dass auch auf der Ebene des einzelnen Unternehmens Richtwerte des Umweltschutzes berücksichtigt werden.

Doch es bleibt unendlich viel zu tun. Da die Umweltauflagen staatliche Gesetze und Verordnungen sind, denen die Einzelakteure nur unter Zwang oder unter Konkurrenzdruck folgen, tun sich immer wieder neue Bereiche auf, in denen Umweltkriterien unberücksichtigt bleiben. Drei Beispiele hierfür sind: Der plötzliche Boom von Billigfluganbietern in der zweiten Hälfte der 90er-Jahre, der Übergang zur just-in-time Produktion in den 80er-Jahren, die zu endlosen Kolonnen die Umwelt verschmutzender Lkws auf den Straßen geführt hat, weil man die Straße zum billigen Lagerraum gemacht hat, und die anhaltende Weigerung der boomenden Elektronikindustrie, ihre Produktzyklen zu verlängern und den Elektronikschrott einer systematischen Wiederverwertung zuzuführen. In anderen Bereichen ist die Industrielobby so stark, dass sie den Übergang zu Umweltstandards beharrlich verweigert oder verzögert, so zum Beispiel im Pkw-Sektor, wo längst eine rußarme Dieseltechnologie zur Verfügung steht, aber ihr Einsatz – zumindest in Deutschland – systematisch verzögert wird.

Regionale Transportsysteme und regionale Vermarktung

Weltweit hat der zivilisatorische Prozess dazu geführt, dass immer weitere Landstriche bewirtschaftet werden und dass sich die Verflechtung zwischen den unterschiedlichen Wirtschaftsräumen stark erhöht. Ablesen lässt sich diese Entwicklung an Flächenverbrauch, Handelsvolumen und Verkehrs- und Transportaufkommen. Um Kosten- und Marktvorteile auszuschöpfen, werden die Beschaffungs- und Vermarktungswege immer länger. Das Verkehrsaufkommen erhöhte sich ständig, und die Globalisierung treibt diesen Prozess nunmehr in exponentielle Höhen.

Doch auch hier gilt: Eine Entwicklung, die immer nur in eine Richtung weist, führt in ein zerstörerisches Ungleichgewicht. Der Bau immer größerer Tanker, immer größerer Flugzeuge, immer breiterer Autobahnen hilft zwar kurzfristig, den Verkehr flüssiger zu gestalten. Doch es hat mit Wertschätzung der natürlichen Mitwelt nichts zu tun. Im Gegenteil, der Verkehr verschärft noch die Umweltprobleme. Deswegen bedarf es auch hier einer grundlegenden Richtungsänderung. Wenn im Apfelland Deutschland heute kaum noch deutsche Äpfel im Supermarkt zu finden sind und stattdessen Äpfel aus Neuseeland angeboten werden, wenn in Europa in großem Umfang kalifornischer oder australischer Wein vermarktet wird, wenn die Milch mehrfach durch Mitteleuropa transportiert wird, bis sie bei uns als Joghurt im Supermarkt angeboten wird, dann hat das nichts mit Lebensqualität zu tun. Doch es hat sehr viel damit zu tun, dass unsere natürliche Mitwelt in dramatische Mitleidenschaft gezogen wird und wir uns den Ast absägen, auf dem wir selbst sitzen.

So ist ein zentraler Leitsatz für die Umorientierung der Transport- und Vermarktungswege: Stärken der regionalen Versorgerstrukturen und der regionalen Vermarktung. Befördern wir dies mit unserem Konsumverhalten, so würde nicht nur unsere nahe soziale Mitwelt gestärkt, sondern wir tun auch etwas für unsere natürliche Mitwelt.

Stoffwechselkreisläufe herstellen

Mülldeponien und Verbrennungsanlagen stellen keine nachhaltigen Lösungen dar. Im Gegenteil: Die Rohstoffe sind unwiederbringlich verbraucht und setzen durch die Art ihrer Entsorgung auch noch Schadstoffe frei. In Entwicklungsländern können wir einen anderen Umgang mit Müll feststellen: Die Ärmsten der Armen sortieren dort Müll auf Deponien, um ihn einer Wiederverwertung zuzuführen. So problematisch die Arbeitsbedingungen auch sind, was dort geschieht, entspricht den Notwendigkeiten einer Kreislaufwirtschaft. Auch bei uns gibt es inzwischen Recyclingsysteme, erste Ansätze einer Recyclingwirtschaft sowie teilweise hilflose Versuche der Mülltrennung bei den Endverbrauchern.

Doch das sind erst bescheidene Erfolge, wenn man sich das Ausmaß von Industriemüll vergegenwärtigt. In unseren Industriekulturen fehlt es grundsätzlich an Respekt dafür, dass die Natur uns etwas zum sorgsamen Umgang überlässt und dass wir es ihr gegebenenfalls gereinigt zurückgeben müssen. Was dies mental bedeuten könnte, erahnen wir mit Blick auf Kulturen, die mit der Natur achtsamer umgegangen sind. Für die Aborigines in Australien war es selbstverständlich, dass die Natur ihnen nicht gehört, dass sie sich für jedes Geschenk der Natur bedankten und einen Platz, den sie auf ihren Wanderungen besucht hatten, wieder so verließen, wie sie ihn vorgefunden hatten. Im tibetischen Buddhismus gibt es die Tradition, kunstvolle Mandalas aus Mineralien zu gestalten, doch nicht, ohne dass am Ende dieses künstlerischen Prozesses alles rituell der Natur zurückgegeben wird. In solchen Praktiken können wir heute Anregungen finden, in welche Richtung wir unser zivilisatorisches Projekt verändern müssen, wenn wir zerstörte Balancen im Wechselspiel zwischen Menschen und natürlicher Mitwelt wieder herstellen wollen.

Machen und Bewahren in ein Gleichgewicht bringen

Diesen Mangel an Wertschätzung gegenüber der natürlichen Mitwelt kann man auch anders verstehen: Es mangelt an einer Haltung der haushälterischen Vernunft. Man könnte auch sagen: Das haushälterische weibliche Element im Umgang mit der Natur fehlt.

In der patriarchalen Gesellschaft, das heißt einer vom männlichen Wahrnehmungs- und Handlungsmuster geprägten Gesellschaft, überwiegen das Tun und das Machen. Der Beitrag des weiblichen Wahrnehmungs- und Handlungsmusters, das Bewahren und Pflegen, wird hingegen vernachlässigt. Es steht dem Bewusstsein der politisch und ökonomisch Verantwortlichen nicht ausreichend zur Verfügung. Eine globale Gesellschaft, die jedoch von Werten geprägt wird, die nicht zu einem natürlichen Gleichgewicht der Kräfte führen, bringt sich selbst an den Rand der Katastrophe.

Eine wirkliche Korrektur verlangt also, dass die Werte zum Tragen kommen, die derzeit vernachlässigt werden und die die dominierenden Werte ausbalancieren können. Haushälterische Sichtweisen müssen in das Verhalten von Menschen, Organisationen und Kollektiven Eingang finden, die sich an einer Haltung der Achtsamkeit und der Wertschätzung für unsere natürliche Mitwelt und ihre Bedürfnisse und Möglichkeiten orientieren. Den Wuchs einer Pflanze kann man nicht machen, doch wir können ihn unterstützen, wir können ihre Früchte ernten und wir können der Pflanze Respekt dafür entgegenbringen, dass sie uns an ihren Früchten teilhaben lässt. Gelingt uns dies, so sind wir kollektiv von einer Haltung der Ausbeutung zu einer Haltung der wertschätzenden Kooperation mit unserer natürlichen Mitwelt übergegangen.

Stützen für eine wertschätzende Haltung gegenüber der natürlichen Mitwelt

Wir haben uns unserer natürlichen Mitwelt so stark entfremdet, dass der Übergang zu einer wertschätzenden Haltung nicht leicht ist. Deswegen haben Sie Geduld und freuen Sie sich an den ersten kleinen Schritten. Sie haben weit reichende Folgen, egal, ob Sie sie im privaten oder im beruflichen Alltag unternehmen.

- Begeben Sie sich auf die Suche nach Ihrer Liebe zur Natur. Wo erleben Sie die Natur als eine Quelle der Freude, der Inspiration? Wo tut sie Ihnen gut und lädt Sie ein, sich an ihrer Schönheit und Fülle zu erfreuen? Lauschen Sie auf die Natur, und hören Sie, was sie Ihnen sagen möchte! Die Natur ist der größte Lehrmeister!
- Suchen Sie einen Weg, wie Sie Ihrer Dankbarkeit und Freude über die Geschenke der Natur Ausdruck geben können. Lassen Sie dieses Gefühl des Respekts und der Wertschätzung wachsen und Ihren Alltag durchdringen!
- Beziehen Sie Ihre Familie und Ihre Freunde in diesen Prozess mit ein. Sprechen Sie über Ihre Erfahrungen und teilen Sie Ihre Freude mit!
- Prüfen Sie, ob Sie in Ihrem beruflichen Umfeld etwas tun können, um Ihrer veränderten Sichtweise Ausdruck zu geben und neue Weichenstellungen zu unterstützen!
- Suchen Sie nach Wegen, wie Sie mit Ihren Möglichkeiten die Natur besser schützen und ihr helfen können, sich frei von menschlichen Eingriffen und Belastungen selbst zu regulieren.
- Gehen Sie die einzelnen Abschnitte dieses Unterkapitels durch: Betrachten Sie Ihr eigenes Verhalten im Lichte dieser Überlegungen. Nehmen Sie sich gezielt einen oder zwei Bereiche vor, in denen Sie eine Änderung herbeiführen möchten. Verbinden Sie sich gefühlsmäßig mit diesem Wunsch und schenken Sie sich selbst Wertschätzung dafür, dass Sie diesen Weg gehen wollen. Feiern Sie Ihre kleinen Erfolge auf dem Weg zu einer achtsamen Haltung gegenüber Ihrer natürlichen Mitwelt!

Wertschätzung fördern:

Verfahren, Techniken, Rituale

Wer sich und seiner Mitwelt wertschätzender begegnen möchte als bisher, findet heute einen reichen Fundus von Hilfen. Entstanden sind sie aufgrund einer hochinteressanten Verlagerung der Aufmerksamkeiten in Therapie, Beratung, Coaching und Organisationsentwicklung. In der Vergangenheit war es üblich, sich auf Probleme zu konzentrieren und von dort aus nach Lösungen zu suchen. Die Probleme wurden säuberlich analysiert. Dann ermittelte man Wege, um sie zu beheben – wo auch immer. Psychoanalyse und Tiefenpsychologie verwickelten ihre Klienten teilweise über Jahre in Rückblicke in die eigene emotionale Geschichte in der Annahme, dies sei der beste und direkteste Weg zur Heilung. Lehrer konzentrieren sich bis heute vorwiegend auf die Fehler ihrer Schüler und suchen, diese zu korrigieren. In Organisationen und Konzernen machte man aufwändige Fehleranalysen, um von dort aus die Prozess- und Produktqualität zu verbessern. Und auch die Politik meint immer noch, Frieden herstellen zu können, indem sie auf das Problem starrt, zum Beispiel auf den Terrorismus.

Neuere so genannte visions- und lösungsorientierte Verfahren wählen einen anderen Weg. Sie lenken in erster Linie die Aufmerksamkeit auf das, was man erreichen, nicht auf das, was man vermeiden möchte. Warum dies hilfreicher ist, zeigen die beiden bereits erwähnten Gesetze der so genannten Appreciative Inquiry in aller Deutlichkeit: Das, worauf du deine Aufmerksamkeit richtest, nimmt zu! Und: Die Geschichten, die wir uns über uns selbst erzählen, werden Wirklichkeit.[1] Unsere Gedanken sind äußerst machtvoll. Wenn wir unsere Aufmerksamkeit auf Probleme und Fehler richten, so werden diese in unserem Bewusstsein immer bedeutungsvoller. Was daraus folgt, kann man sich in einem Bild verdeutlichen: Es ist, als würde man versuchen, eine Wand zu überwinden, indem man immer stärker gegen sie drückt. Das ist Kräfte zehrend und führt nicht zum gewünschten Ergebnis. Entsprechend hoch ist der Aufwand, wenn wir unsere Energie auf Probleme konzentrieren: Schuld- und Schamgefühle stellen sich ein und (Selbst)Verteidigung wird aktiviert, um das eigene Selbstwertgefühl zu stabilisieren. Damit geht wichtige Energie verloren, die stattdessen zur Verwirklichung des gewünschten Ziels eingesetzt werden könnte.

Bei den visions- und lösungsorientierten Verfahren löst man – um im Bild zu bleiben – die Hände von der Wand, konzentriert sich auf sich selbst und verschafft sich Klarheit darüber, wohin die Reise gehen soll. Eine Vision wird eingeladen, geprüft und präzisiert. Auf dem Hintergrund dieser Vision werden Lösungen gesucht und gefragt, mit welchen Strategien und Maßnahmen man sie verwirklichen kann. Die Fehler werden in diesem Prozess ganz selbstverständlich mit behoben bzw. vermieden. Dazu einige Beispiele:

Individuelle Ebene: Ich war Raucherin und wollte aufhören, weil ich fand, dass ich mit meinem Körper schlecht umgehe und meine Familie belaste. Wie ist mir das gelungen? Zuerst habe ich mir heftige Vorwürfe gemacht und mich bei jeder neuen Zigarette beschimpft, weil ich immer noch nicht die Kraft hatte aufzuhören. Das hat mir wenig genützt. Dann habe ich meine Haltung geändert. Ich habe mich belohnt: In meiner Vorstellung habe ich mir eine Sparkasse mit einem Konto der raucherfreien Tage eingerichtet. Jeder Tag, an dem ich mir selbst gezeigt hatte, dass ich ein wunderbares Leben ohne Rauchen führen kann, habe ich als eine Einzahlung in meine Sparkasse begriffen. So wuchs mein ›Konto‹ von Tag zu Tag. Ich wusste, dass bereits eine einzige neue Zigarette mein Konto auf Null plündern würde. Das wollte mir absolut nicht gefallen. Ich füllte also mein Konto fleißig weiter, freute mich jeden Tag an meinen Erfolgen und hatte nach kurzer Zeit das Rauchen aufgegeben. Ich hatte mir Wertschätzung für das entgegengebracht, was ich geleistet hatte, statt mich zu beschimpfen für das, was ich nicht vermochte. So wurde meine Kraft frei, den Wunsch zu verwirklichen, den ich hatte, nämlich Nichtraucherin zu werden.

Umgang mit Kollegen: Über lange Zeit war ich mit einem Kollegen konfrontiert, der nicht nur mich, sondern alle Frauen im Umfeld mit schlimmen frauenfeindlichen Sprüchen überzog. Es war eine Zumutung, sich mit ihm zu unterhalten, und dennoch waren wir auf ein gutes kollegiales Verhältnis angewiesen. Lange Zeit bemühte ich mich ›gegenzuhalten‹; mal gelang mir dies, mal eher nicht. Mein Wunsch war, ihn zu einem anderen Verhalten zu motivieren. Damit war ich wenig erfolgreich. Trotz aller Anstrengungen meinerseits änderte sich an seinem Verhalten nichts. Auch hier verlagerte ich schließlich meine Aufmerksamkeit: Statt gegen seine Schwächen und seine Haltung der Entwertung von Frauen anzugehen, versuchte ich, die Stärken dieses Kollegen zu sehen, seinen Einsatz für die Organisation und die Sache, seinen Wunsch nach Anerkennung und Wertschätzung. So begann ich damit, ihm genau das, was er suchte und brauchte, entgegenzubringen. Und zu meiner Überraschung kam der Wechsel schnell: Er zeigte mir gegenüber mehr Respekt und einen sorgsameren Umgang.

LehrerIn-SchülerIn-Verhältnis: Meine Malerfreundin Ranga war eine gefürchtete Kritikerin. Mit präziser Schärfe konnte sie die Unzulänglichkeiten bei ihren Künstlerkollegen entdecken. Sie war daher höchst beliebt bei denen, die andere mit Kritik überziehen wollten. An dieser Haltung nahm sie eine gründliche Korrektur vor, als sie begriff, dass sie damit keinem ihrer Schüler und Schülerinnen etwas beibringen konnte. Stattdessen konzentrierte sie sich auf deren Stärken und half ihnen, sich von dort aus zu entwickeln. Sie wurde eine äußerst beliebte Lehrerin, wie ich selbst aus eigener Erfahrung bestätigen kann. Selbst mich, die ich von Malen keine Ahnung habe, regt sie zu kleinen Erfolgen an.

Organisationsentwicklung: Dazu zwei Beispiele: Zwei unterschiedliche Organisationseinheiten werden fusioniert, weil die gewünschten Profitmargen nicht erreicht werden. Die Maßnahme wird von oben verordnet, ohne dass ein Einverständnis mit der Belegschaft gesucht und hergestellt wurde. Entsprechend schwierig gestaltet sich die Entwicklung. Überall ist Sand im Getriebe. Die Mitarbeiter, die nicht entlassen worden sind, reagieren mit Angst und tendenzieller Arbeitsverweigerung. Der erwünschte Erfolg bleibt aus. Eine andere Organisation geht in gleicher Lage anders vor: Sie organisiert mit der Belegschaft eine Visionsarbeit. Dabei werden bislang nicht genutzte Potenziale und Stärken der Mitarbeiter sichtbar. Alle stellen sich hinter die gemeinsam erarbeitete Vision und beginnen zügig mit deren strategischer und operativer Umsetzung. Rasch stellt sich Erfolg ein.

Politische Ebene: Die deutsche Bundesregierung versucht zu sparen, das heißt, sie versucht das Haushaltsloch zu stopfen, also einen Fehler zu beheben. Dabei betreibt sie eine Sparpolitik ohne Vision, worin die Stärken der Bundesrepublik national und international bestehen und wie sie besser genutzt werden können. Das Ergebnis ist entsprechend: Das ganze Land ist in eine Lähmung verfallen. Statt Aufbruch gibt es einen Einbruch allerorten. Die Strategie des Sparens wird ohne eine Vorstellung davon verfolgt, wohin sich dieses Land entwickeln sollte. Sie ist fehler- statt visions- und lösungsorientiert.

In der Managementliteratur sagt man »strategy follows vision« – eine Strategie folgt der Vision, nicht umgekehrt. Eine Strategie muss sich immer an der Vision ausrichten. Wenn der Kern der Vision ist, einen wertschätzenderen Umgang mit sich und anderen auf allen Ebenen zu lernen, dann brauche ich eine entsprechende Ausrichtung. Dann geht es darum, die Energien für das zu mobilisieren, was gewünscht und möglich ist und nicht für das, was vermieden werden soll. Eine Vision ist immer mit einer positiven Energie geladen. Die Vermeidung von Fehlern dagegen ist ein ›Energiefresser‹. Sie entzieht Energie für die Erreichung der Ziele, um die es (mir) wirklich geht, statt dass sie Energien freisetzt.

Die folgende Übersicht stellt noch einmal die beiden unterschiedlichen Ansätze einander gegenüber:

Konventionelles Vorgehen	Appreciative Inquiry
• Probleme identifizieren • Ursachen analysieren • Lösungen entwickeln • Maßnahmen planen	• Das Positive (»Juwelen«) identifizieren und daraus lernen • Entwerfen, was sein könnte • Vereinbaren, was sein soll • Erschaffen, was sein wird
Menschen und Organisationen sind voller Schwächen, die beseitigt/überwunden werden müssen	Menschen und Organisationen haben ungeahntes Potenzial, das manchmal schon aufblitzt

nach Bonsen/Maleh[2]

Aus diesem Grund werden im folgenden Kapitel einige Verfahren vorgestellt, die helfen, lösungsorientiert vorzugehen. Dabei unterscheide ich erneut zwischen Verfahren für die Arbeit mit sich und mit anderen und berühre zuletzt auch Verfahren für die Wertschätzung der natürlichen Mitwelt.

Verfahren für die Arbeit mit sich selbst: Entlernen und neues Lernen

Die Macht von Glaubenssätzen und mentalen Modellen

Das größte Hindernis für eine Haltung der Wertschätzung sind Glaubenssätze bzw. mentale Modelle. Sie spuken im Kopf herum und entstehen vor allem durch Erfahrungen in der frühen Kindheit.[3] Solche Glaubenssätze setzen sich in uns fest, sinken ins Unbewusste ab, ohne dass wir noch um ihre Existenz wüssten. Sie helfen uns, die Wirklichkeit zu strukturieren und uns in ihr zurechtzufinden. Doch Glaubenssätze, so notwendig und hilfreich sie auch sind, engen unsere Wahrnehmungen und unser Verstehen ein. Sie sind wie Brillen, die wir auf der Nase haben. Was in den Bereich der Sehschärfe fällt, das nehmen wir wahr, alles andere dagegen nur verschwommen oder gar nicht. Das Leben fordert uns auf, diese Glaubenssätze zu überprüfen und unseren Blickwinkel zu erweitern. Nur so kann ich mehr Wertschätzung mir und anderen gegenüber entwickeln. In diesem Prozess brauche ich also:

- ein Wissen, dass ich eine bestimmte Brille auf der Nase habe;
- dass ich diese Brille putzen oder absetzen kann;
- dass ich mir eine Brille mit einer größeren Sehschärfe oder einem größeren Blickwinkel zulegen kann.

The Work (Byron Katie)

Eine sehr gute Methode, die – auch ohne Therapie oder Coaching – konsequent hilft, die eigene Brille zu putzen oder die Brille zu wechseln, ist für mich *The Work* von Byron Katie.[4] Byron Katie, eine moderne Weise, hat sich selbst wie Münchhausen aus dem Sumpf gezogen. Sie war sozial und körperlich so aus dem Gleichgewicht geraten, dass sie nur noch dahinvegetierte. In einem Moment der Erleuchtung entdeckte sie, dass ihre gedanklichen Konzepte von sich und anderen nur auf Annahmen beruhen und die Wirklichkeit nicht abbilden können. Sie hat, wenn man das Bild des Elefanten mit den Blinden bemüht[5], entdeckt, dass sie eine Blinde ist, die nicht im Besitz der Wahrheit sein kann. Nachdem sie so weit gekommen war, lernte sie systematisch, Gedanken zu denken, die für sie selbst und für andere wertschätzender waren als jene, die sie in ihre ausweglose Lage gebracht hatten.

Aus ihren Erfahrungen entwickelte sie eine Methode der Arbeit mit sich selbst, die sie *The Work* nennt. Wer *The Work* macht, nimmt sich eine Situation oder Begegnung vor, die ihn/sie belastet und notiert sich die dazu gehörenden Annahmen, Glaubenssätze und Erwartungen (wenn mein Freund mich nicht anruft, liebt er mich nicht. Oder: Wenn meine Chefin mich nicht lobt, hält sie nichts von meiner Arbeit). Danach werden die Glaubenssätze auf ihren Wahrheitsgehalt hin überprüft. Dies geschieht mit vier Fragen:

1. Ist es wahr?
2. Kann ich wirklich wissen, dass das wahr ist?
3. Wie reagiere ich, wenn ich an dieser Überzeugung festhalte?
4. Wer wäre ich, wie ginge es mir ohne diese Überzeugung?

Ein Durchgang durch die vier Fragen enthüllt: Ich kann nicht wirklich wissen, was wahr ist. Mein Glaubenssatz verursacht mir (und anderen) Probleme. Danach fordert Katie mit der Formel »Nun dreh es um!« dazu auf, mit dem Gedanken zu spielen, indem er umformuliert wird. So lassen sich zum Beispiel Subjekt und Objekt vertauschen oder eine Negation in eine Positivaussage umformulieren (wenn mein Freund nicht anruft, liebt er mich dennoch). Spielerisch kann ich in diesem Prozess prüfen, ob die Wirklichkeit auch anders gesehen werden kann. Ich kann nach Glaubenssätzen suchen, die mir und anderen mehr gerecht werden. Ich gewinne die Chance, ganz bewusst eine Brille zu wählen, deren Gläser geputzt sind und die mir einen weiteren Blickwinkel als den bisherigen eröffnet. Ein Beispiel:

Belastende Annahme: Meine Chefin hält nichts von mir!
1. Ist es wahr?
   Der Glaubenssatz hinter dem Satz (wenn ich nicht gelobt werde, dann hält man nichts von mir) führt in der Regel dazu, dass ich es für wahr halte.
2. Kannst du wirklich wissen, dass es wahr ist?
   Faktisch kann ich dies nicht wissen und kann mir dies auch eingestehen.
3. Wie reagiere ich, wenn ich an dieser Überzeugung festhalte?
   Ich fühle mich entwertet, nicht wertgeschätzt, nicht wahrgenommen, werde wütend.
4. Wer wäre ich, wie ginge es mir ohne diese Überzeugung?
   Ich fühle mich deutlich besser.

Jetzt kann ich mit dem Satz spielen, indem ich ihn verändere. Ich suche nun nach einem oder mehreren Sätzen (Glaubenssätzen und mentalen Modellen), die der Wahrheit auch oder sogar mehr entsprechen und die helfen, mir und anderen mit mehr Wertschätzung zu begegnen:

Statt »*Mein Chef oder meine Chefin hält nichts von mir*« sind andere Sätze (Annahmen) möglich, wie:

- *Ich* halte nichts von mir.
- Ich halte *viel* von mir.
- Ich halte viel von mir, *unabhängig* von der Beurteilung durch meinen Chef oder meine Chefin.
- Mein Chef oder meine Chefin *hält viel* von mir.
- Mein Chef oder meine Chefin *hält (womöglich) nichts von sich selbst.*
- *Ich bin gut, so wie ich bin.*

Nach meiner Erfahrung spürt man sehr genau, welcher neue Glaubenssatz weiterhilft und eine Haltung der Wertschätzung von sich und anderen unterstützt. Wenn dieser neue Satz angenommen wird, scheint eine große Belastung abzufallen. Der innere Raum der liebenden Annahme, der Akzeptanz dessen, was ist, hat sich dann erweitert. Wenn ich begreife: Es ist nicht mein Chef oder meine Chefin, die nichts von mir hält, sondern ich selbst bin es, die nichts von sich hält, dann wird ein Weg frei: Ich kann dann Verantwortung für mich übernehmen, indem ich mir das gebe, was ich bisher bei anderen suchte. Ich werde selbst-ständiger, unabhängiger von den Beurteilungen anderer. Ich muss meine Enttäuschung nicht mehr bekämpfen, indem ich meinen Mangel an Wertschätzung mir gegenüber auf andere projiziere (verlagere). Unter Umständen entdecke ich sogar: Auch mein Chef oder meine Chefin bringt sich selbst keine Wertschätzung entgegen. Dann werde ich frei, ihm oder ihr die Wertschätzung zu schenken, die er oder sie nicht für sich selbst aufbringt. Gelingt dies, dann entspannt sich die Situation nicht nur für mich, sondern auch für andere.

Solche Arbeit nach Byron Katie kann ich alleine, mit Freunden, in einem Seminar oder in der Einzelarbeit mit einem Begleiter oder einer Begleiterin machen. Sie ist schnell, hilfreich und lehrt mich, mit meinen eigenen Bewertungen vorsichtiger zu sein. Ich lerne unvermittelt, dass meine Sicht der Dinge womöglich nicht der Weisheit letzter Schluss ist und dass ich gut beraten bin, meine Bewertungen länger in der Schwebe zu halten.

Weitere Verfahren

Es gibt noch viele andere Möglichkeiten, den eigenen Bewertungen und Glaubenssätzen auf die Spur zu kommen.[6] Peter Senge empfiehlt beispielsweise:[7]

- Wenn ich das (von mir und anderen) gesprochene Wort durch das Unausgesprochene unterlege, entdecke ich die zugrunde liegenden Annahmen. Senge nennt dies »die linke Spalte ergänzen«.[8]
- Gedankensprünge bei mir und anderen geben zu erkennen, dass hier unausgesprochene Annahmen zugrunde liegen. Diesen kann ich dann nachforschen.
- Harriett Rubin regt an, man solle, wenn man die Absichten seines Gegenübers verstehen will, drei Mal fragen »Warum?«. Dann wisse man, welche Annahmen dessen Zielen und Strategien zugrunde liegen.

Mein Psychosyntheselehrer David Platts hatte die wunderbare Angewohnheit, immer dann in den Ausruf »Isn't it interesting!« – »Ist es nicht spannend!« auszubrechen, wenn eine seiner Trainees einen Glaubenssatz über sich selbst äußerte, ohne es zu merken. Er arbeitete mit uns an unseren negativen Core Beliefs, also Kernglaubenssätzen. Das sind negative Selbstkonzepte, die meist auf Erfahrungen in früher Kindheit zurückgehen. »Ich bin dumm«, »das kannst du nie«, »das ist außerhalb meiner Möglichkeiten«, »niemand liebt mich« ... sind solche tief ins Unbewusste abgesunkenen negativen Core Beliefs. Wenn ich mich ihnen in einer Haltung des Staunens nähere, dann verlieren sie bereits ihre Macht über mein Unbewusstes. Ich kann mich von diesen Gedanken – wie es die Psychosynthese lehrt – disidentifizieren, das heißt mich von ihnen lösen. Ich kann den unguten Zauber, den sie über mich ausgeübt haben, auflösen und an ihre Stelle einen positiven Glaubenssatz über mich selbst stellen. So werde ich freier, mich so zu akzeptieren, wie ich bin und dies auch anderen in meinem Umfeld zuzugestehen.

Welches Verfahren auch immer ich wähle: Ich habe damit einen Prozess des Entlernens und des Neulernens eingeleitet:

Ich habe etwas entlernt (in meinem inneren Speicher gelöscht), das von einem Mangel an Wertschätzung mir selbst und anderen gegenüber geprägt ist. Und ich habe etwas Neues gelernt, indem ich einen Glaubenssatz in mein Bewusstsein eingeladen habe, der mich in Zukunft in einer Haltung der Wertschätzung mir und anderen gegenüber unterstützt.

Verfahren für die Arbeit mit anderen: Dialogorientierte Verfahren und Wertschätzende Befragung

Die Fülle neuerer Verfahren, die einen wertschätzenden Umgang mit anderen unterstützen, ist so groß, dass hier nur exemplarisch auf einige verwiesen werden kann. Ich beschränke mich im Folgenden auf den *Offenen Dialog, die Zukunftskonferenz, den Wisdom Circle, Appreciative Inquiry* sowie *Community Planning/Perspektivenwerkstätten*. Die große Anzahl unterschiedlicher Verfahren ist inzwischen ausreichend dokumentiert.[9] Allen diesen Verfahren gemeinsam ist, dass sie einen dialogischen Umgang fördern. Deswegen vorab einige Worte zum Dialog.

Dialog und dialogische Verfahren

In der Kommunikation mit anderen kann man zwischen Diskussion, Debatte, Diskurs und Dialog unterscheiden. Sie sind jeweils von unterschiedlichen Haltungen gekennzeichnet. In einer

Dialogorientierte Verfahren und Wertschätzende Befragung

Diskussion versuchen die Gesprächspartner, sich wechselseitig von ihrer Meinung zu überzeugen. Jeder/jede glaubt, selbst im Recht zu sein, während der/die andere im Unrecht ist. Eine Debatte findet in der Regel öffentlich statt und funktioniert – mit größerer Schärfe – nach demselben Muster. Ein Prototyp hierfür sind Parlamentsdebatten, bei denen der politische Gegner ins Unrecht gesetzt werden soll. Ein Diskurs findet meist im wissenschaftlichen Raum statt. Dabei geht es vor allem um die intellektuelle Differenzierung, um die jeweilige Anschlussfähigkeit der Argumente, um den Versuch der theoretischen Durchdringung. Doch auch hier herrscht vielfach der Versuch vor, die Auffassungen der Diskurspartner als falsch zu ›entlarven‹.

Der Dialog ist demgegenüber eine Kommunikationsweise, bei der die Einzelnen versuchen, die Sichtweise des anderen stehen zu lassen und zu respektieren. Man will die eigene Sicht um die der anderen bereichern. Im Dialog will man bewusst voneinander lernen. Man weiß, dass man wie die Blinden rund um den Elefanten versammelt ist (s.o.), ohne dessen Existenz je (be)greifen zu können. Doch man hat sich entschlossen, durch den kommunikativen Austausch den eigenen Blickwinkel zu erweitern und der Wahrheit näher zu kommen. So konstruiert sich im Dialog gemeinsam ein neuer Sinn.[10] Die Dialogexperten Freeman Dorithy und Johannes und Martina Hartkemeyer listen unter Anschluss an die Ideen des Physikers und Dialogphilosophen David Bohm zehn Kernfähigkeiten für den Dialog auf.[11] Jede von ihnen unterstützt und fördert eine Haltung der Wertschätzung.

1. »Die Haltung eines Lerners verkörpern
2. Radikaler Respekt
3. Offenheit
4. ›Sprich von Herzen‹

5. Zuhören
6. Verlangsamung
7. Annahmen und Bewertungen ›suspendieren‹
8. Produktives Plädieren
9. Eine erkundende Haltung üben
10. Den Beobachter beobachten«

In allen visions- und lösungsorientierten Verfahren überwindet man die Egoismen, indem die Interaktion der Gesprächspartner auf ein gemeinsames Ziel hin ausgerichtet wird. Dabei greift man auf solche dialogische Kernfähigkeiten zurück. So wird ein Gesprächsraum geschaffen, in dem es möglich wird, ein umfassenderes Bild jenseits der Eigeninteressen und der Eigenwahrnehmungen zu entwickeln.

Der offene Dialog

Der offene Dialog nach David Bohm ist nicht entscheidungsorientiert, sondern sinnstiftend und meinungsbildend. Er soll den freien Fluss der Gedanken unterstützen und die Kreativität aller Beteiligten anregen, um gemeinsam ein erweitertes Bild der Realität zu entwickeln. Der offene Dialog kann ohne Unterstützung eines Moderators oder einer Moderatorin auskommen. Dies gelingt erst nach einiger Übung. Wichtig ist der Beginn, die so genannte check-in-Phase, in der die Beteiligten ihre momentane Haltung zum gewählten Thema mitteilen. Wenn dies in einer Haltung wechselseitiger Wertschätzung geschieht, dann öffnet sich das Feld des gemeinsamen Lernens ohne Mühe. Sogleich wird erkennbar, dass jeder einzelne Teilnehmer unterschiedliche Vorstellungen zum Thema mitbringt. Im anschließenden Dialogprozess entwickelt die Gruppe als Ganzes ein erweitertes Bild des Themas, indem die vielen einzelnen Facetten aufgegriffen werden.

Ein Beispiel: Eine Gruppe von Organisations- und Gesundheitsberatern arbeitet im Bereich der Raucherentwöhnung. Sie versammeln sich zu einem offenen Dialog mit dem Wunsch herauszufinden, »was wirkt eigentlich in der Entwöhnungsberatung?« Jede und jeder bringt unterschiedliche Vorstellungen davon mit. Erst im Laufe des Dialogs entdecken sie, dass ganz verschiedene Faktoren wirken können, dass aber offenbar ihre eigene Haltung und der Grad ihrer Authentizität als Berater von entscheidender Bedeutung sind. Auf dem Hintergrund dieses neuen Wissens kann die Firma nun gezielt Maßnahmen der Weiterbildung ihrer Trainer und der Positionierung am Markt vornehmen.

Die Zukunftskonferenz

Die Zukunftskonferenz geht auf Marvin R. Weisbord und Sandra Janoff[12] zurück. Es ist ein durchstrukturiertes, moderiertes Verfahren rund um ein gewähltes Thema. Vorab wird das System handelnder Akteure oder Institutionen identifiziert, das für die Bearbeitung des Themas von Bedeutung ist. Sodann werden bis zu 64 Personen aus den verschiedenen Teilbereichen des Systems zur eigentlichen Konferenz eingeladen und an acht Tischen platziert. Die Konferenz dauert gut zwei Tage und befasst sich mit Vergangenheit, Gegenwart und gewünschter Zukunft des Systems. Am Ende der Konferenz gibt es eine Liste gemeinsam abgestimmter Maßnahmen zur Umsetzung sowie kleine Gruppen, die sich verpflichtet haben, an einzelnen Projekten weiterzuarbeiten. Die Zukunftskonferenz hat eine Besonderheit: Die Teilnehmer arbeiten sowohl an homogenen Tischen mit

Personen, die eine ähnliche Interessenslage mitbringen, als auch an maximal gemischten Tischen, die sich aus den Vertretern und Vertreterinnen der homogenen Tische zusammensetzen. Dies regt die wechselseitige Kreativität und Lernbereitschaft deutlich an.

Ein Beispiel: Eine Zukunftskonferenz zum Thema »Spirituelle Orte im Ruhrgebiet« führte Multiplikatoren aus höchst unterschiedlichen Bereichen zusammen: Kirchen und Glaubensgemeinschaften, Wissenschaft und Kultur, Stadtentwicklung und Tourismus, Verkehr und Wirtschaft, Jugend und Soziales. Am Ende der Konferenz gab es eine Reihe von Selbstverpflichtungen, die nach dem System des Schneeballs eine Vielfalt von Aktivitäten nach sich gezogen haben.[13]

Wisdom Circle

Der Wisdom Circle geht auf Forschungen zurück, die eine Gruppe von Organisationsentwicklern aus Kalifornien bei den so genannten indigenen Völkern, also Eingeborenenvölkern, durchgeführt hat.[14] Sie wollten herausfinden, wie diese Menschen zu weisen Entscheidungen gelangen. Weise bedeutet dabei, dass es Entscheidungen sind, die dem Wohle des Ganzen dienen – der Menschen, der Tiere und der Pflanzen. Das Ergebnis ihrer Forschungen ist im so genannten Wisdom Circle symbolisiert.

Der Wisdom Circle orientiert sich ähnlich dem indianischen Medizinrad am Kreislauf der Jahreszeiten bzw. am Kreislauf der Gestirne. Frühling, Sommer, Herbst und Winter folgen aufeinander. Auch die Sonne beschreibt einen Kreis: Sie geht im Osten auf, steht mittags im Süden, geht im Westen unter und ist für unsere Augen im Norden nicht zu sehen. Dazwischen gibt es

Dialogorientierte Verfahren und Wertschätzende Befragung

Übergangszeiten und -phasen: Den Übergang zwischen Frühling und Sommer – ihm entspricht im Kreislauf der Sonne der Süd-Osten –, den Übergang zwischen Sommer und Herbst – analog zum Süd-Westen –, den Übergang zwischen Herbst und Winter – analog zum Nord-Westen – und schließlich den Übergang zwischen dem Winter und Frühling – analog zum Nord-Osten. Jede dieser Positionen auf dem Kreis hat eine besondere Qualität: Im Frühjahr schießen die Pflanzen aus der Erde, die Natur ist ungestüm und im Aufbruch. Auf der menschlichen Ebene entsprechen dem Inspiration, Kreativität, Unbekümmertheit, Innovationsfähigkeit. Im Sommer ist Wachstum angesagt; die Pflanzen beginnen zu reifen, die Natur entwickelt Früchte, die geerntet werden können. Auf der menschlichen Ebene sind hier diejenigen zu finden, die in der Lage sind, Ideen zu verwirklichen, strategische Schritte zur Umsetzung festzusetzen und einzuleiten und Ergebnisse zu erzielen. Es ist die Sphäre der Krieger und der Pragmatiker. Im Herbst ist die Ernte eingefahren; die Früchte sind geerntet, die Vorbereitungen für den nächsten Wachstumszyklus werden getroffen. Hier finden wir die Menschen, die für die Pflege und den Erhalt (Maintenance) zuständig sind, die ›Kümmerer‹, ohne die keine Angelegenheit zu einem guten Abschluss gebracht werden kann. Es sind die Personalentwickler, Kundendienstleister, Reparaturwerkstätten, Controller, Berater, die sich um den laufenden Betrieb, um das Wohl der Menschen, um das Miteinander und um die Zufriedenheit kümmern. Im Norden schließlich kommt die Natur zur Ruhe. Sie folgt ihren eigenen Gesetzen, die festlegen, dass auf eine Phase der Expansion eine Phase der Introversion, auf eine Phase des Reifens und Erntens eine Phase der Ruhe folgen muss. Hier finden sich die Menschen, die um die Ordnung der Dinge, die Regeln und Normen wissen, die für ein Gelingen befolgt werden müssen.

Vergegenwärtigt man sich die Unterschiedlichkeit der Fähigkeiten und Potenziale, so wird unschwer nachvollziehbar, wieso sie zu weisen Entscheidungen verhelfen können und was sie mit Dialog zu tun haben. Ein Team oder eine Organisation zum Beispiel, bei der nur Innovatoren vertreten sind, wird in der Lage sein, kreative neue Ideen hervorzubringen. Hier fehlt es jedoch an der Kraft der Umsetzung. Gibt es hingegen nur die Macher ohne die Innovatoren, so fehlt ihnen die Fähigkeit, auf neue Herausforderungen flexibel zu antworten. Sind in einem Team beide vorhanden, Innovatoren und Macher, aber sind sie nicht in der Lage, die Pflege der Beziehungen zu sichern, weil sie beispielsweise keine Kundenbindungen aufbauen können oder die Mitarbeiter in die innere Kündigung gehen, dann war die ganze Mühe mittelfristig ohne Erfolg. Und fehlt es an denen, die genügend Weisheit um solche Zusammenhänge besitzen und die entsprechenden Regeln der Zusammenarbeit aufstellen, dann kann es leicht sein, dass sich das Team in die eine oder andere Richtung verirrt.

Mit anderen Worten: Weise Entscheidungen werden dann vorbereitet und getroffen, wenn die unterschiedlichen Sichtweisen in einem Team vertreten sind und sie sich wechselseitig Wertschätzung und Respekt erweisen. So unterschiedlich die Sichtweisen auch sein mögen, die Beteiligten benötigen den wechselseitigen Dialog, um voneinander zu lernen und ein rundes und ganzheitliches Bild zu erhalten. Gemeinsam sind sie nicht nur weiser, sondern auch erfolgreicher. Im Wisdom Circle arbeitet man deswegen mit dem Kreisbild. Die unterschiedlichen Prinzipien der Natur dienen als Folie, um herauszuspüren und konkret im Kreis aufzustellen, wo die Mitglieder einer Organisation oder eines Teams sich selbst verorten. So kann man durchaus realistisch überprüfen, ob ein Team ausreichend vielfältig ist, um zu weisen Entscheidungen kommen zu können.

Der Redestein oder Redestab, der von Person zu Person wandert, stellt dabei sicher, dass alle im Kreis mit ihren Auffassungen zu Wort kommen und gehört werden. Das ebnet den Weg zu einer dialogischen Entscheidungsfindung.

Ein Beispiel: In einem Team ist eine Vakanz eingetreten. Man möchte die neue Stelle gut besetzen und überlegt konzeptionell, welche Fähigkeiten nötig sind. Dabei beschränkt man sich nicht allein auf handwerkliche oder intellektuelle Fähigkeiten, sondern orientiert sich auch an dem Konzept des Wisdom Circle. Schnell wird klar, dass eine bestimmte Fähigkeit fehlt, zum Beispiel die dem Westen zugeordnete Fähigkeit zur Pflege (Maintenance), die unverzichtbar ist, wenn man den unternehmerischen Erfolg verstetigen will. Dementsprechend geht man bei der anschließenden Personensuche vor.

Appreciative Inquiry

Die Wertschätzende Befragung (AI) geht auf Cooperrider & Whitney[15] zurück. Ebenso wie die Zukunftskonferenz oder die Open Space Technology[16] ist es ein Großgruppenverfahren, das ein ganzes System erfassen soll. Die wertschätzende Befragung geht von der Annahme aus, dass in jeder Organisation bereits das im Ansatz vorhanden ist, wohin sie sich entwickeln möchte. Deswegen sucht sie gezielt nach den so genannten ›Juwelen‹ einer Organisation bzw. eines Systems. Sie werden mithilfe von breit gefächerten Interviews bei allen Beteiligten ermittelt. Dieser Prozess ist bedeutsam, denn – so lehren es die beiden Gesetze des AI-Verfahrens: Das, worauf wir unsere Aufmerksamkeit richten, wird größer. Und die Geschichten, die wir uns über uns erzählen, werden Wirklichkeit. Durch die Interviews werden die Juwelen nicht nur entdeckt, sie erhalten fortan auch erhöhte Aufmerksamkeit. Mitarbeiter und Management werden motiviert, die Potenziale, die in den Juwelen sichtbar werden, stärker zu fördern. Im so genannten Appreciative Summit wird wiederum das ganze System unter ein Dach gebracht und gemeinsam in vier Stufen die gewünschte Zukunft konzipiert. Die Stufen sind:

- Discovery – Entdeckung des Besten
- Dream – Erträumen, was möglich sein könnte
- Design – Konzipieren dessen, was Wirklichkeit werden soll
- Destiny – Klarmachen, wie man dorthin kommt

Auch hier, wie bei den anderen Großgruppenverfahren, arbeitet man mit Plenum und Kleingruppen im Wechsel, sodass die ganze Gruppe einen Lernfortschritt machen kann.

Ein Beispiel: Das Briefverteilzentrum der Deutschen Bundespost in Frankfurt/Main lässt einen AI-Summit durchführen. Die rund 2 000 Beschäftigen interviewen sich vorab wechselseitig über ihre ›Juwelen‹. Beim Summit werden nicht nur herausragende Erfahrungen erzählt, sondern auch in Kleingruppen und im Plenum die vier Schritte durchlaufen. Die Maßnahme ist so erfolgreich, dass einige Zeit später das Briefverteilzentrum eine Auszeichnung für seine Leistungserbringung und Leistungssteigerung erhält.[17]

Perspektivenwerkstatt (Community Planning)

Das Community Planning Verfahren (deutsch: Perspektivenwerkstatt), wurde in seiner in Deutschland praktizierten Form von dem Team von John Thompson & Partners (London), Andreas v. Zadow (Caputh) und Barbara Mettler-v.Meibom (Essen) entwickelt und eingesetzt.[18] Es wird bei Projekten der Stadtplanung und Stadtentwicklung angewendet, die in besonderem Maße von divergierenden Interessen gekennzeichnet sind. In einer Perspektivenwerkstatt wird vielfältiges Expertenwissen mit einem breiten öffentlichen Beteiligungsprozess kombiniert. Innerhalb des kurzen Zeitraums von nur fünf bis sechs Tagen wird ein gemeinsam abgestimmter Entwurf zur Entwicklung zum Beispiel eines städtischen Quartiers vorgelegt.

Eine Perspektivenwerkstatt wird in der Regel durch einen Unterstützerkreis vorbereitet und begleitet, in dem bereits die verschiedenen Interessen repräsentiert sind. Die eigentliche Werkstatt ist ein interaktives Ereignis, das von einem lokalen Team vorbereitet wird und sich über einen Zeitraum von fünf Tagen erstreckt. Das externe Team umfasst Experten aus den für das Projekt relevanten Bereichen: Architekten, Stadtplaner, Verkehrsexperten, Ökonomen usw. Am ersten Tag der Werkstatt wird das auswärtige Team durch die Experten vor Ort in die jeweilige Situation eingeführt. Am zweiten und dritten Tag wird die städtische Öffentlichkeit eingeladen. An einem gut erreichbaren Ort finden an beiden Tagen Foren zu vorab gemeinsam festgelegten Themen statt, bei denen unterschiedliche Gesichtspunkte und auch Visionen des Gewünschten gesammelt werden. Die Moderation stellt sicher, dass selbst die normalerweise Stummen mitreden können. Am dritten Tag werden Begehungen im Gelände vorgenommen, bei denen Experten des auswärtigen Teams, Bürger und Bürgerinnen sowie Mitarbeiter der Verwaltungen gemeinsam ihre Sichtweisen austauschen. Dies führt dann zu der Phase des so genannten ›Hands on Planning‹: Auf bis zu zehn Tischen werden Quartierspläne ausgelegt. Bürger, Verwaltungsmitglieder, Anwohner tauschen sich hier – unterstützt von Architekten und Planern des auswärtigen Teams – mit Blick auf die entsprechenden Stadtpläne aus und ringen jeweils um eine einvernehmliche Vision. Daran schließt sich eine zweieinhalbtägige teaminterne Arbeitsphase an. Dabei stehen zwei Aufgaben an: Erstens die Konsenspunkte herauszufiltern, die in dem Verfahren sichtbar geworden sind, und zweitens auf dieser Basis einen auch visuell bebilderten Vorschlag für die zukünftige Stadtentwicklung vorzulegen. Die Werkstatt endet mit einer Präsentation, in der der fünftägige Prozess abgebildet ist; außerdem wird der Kommune und allen Beteiligten ein Vorschlag für die zukünftige Entwicklung vorgetragen. Daran schließt sich die Umsetzungsphase an, bei der Unterstützerkreis und auswärtiges Team sinnvollerweise punktuell weiterhin mitwirken.

Ein Beispiel: Eine Perspektivenwerkstatt zur zukünftigen Ausgestaltung des Burgplatzes in Essen gab den Auftakt für eine städtebauliche Umgestaltung dieses zentralen Essener Platzes. Damit wurde ein Platz, der noch vor kurzem ein Kümmerdasein am Rande der Einkaufsstraße fristete und von Drogendealern und Drogenabhängigen bevölkert wurde, zum Anziehungspunkt für die Bürgerschaft. Vier Jahre nach Durchführung der Werkstatt eröffnete die neu hierhin verlagerte Volkshochschule ihre Pforten. Die anschließend vorgelegten Pläne zur Umgestaltung der Platzoberfläche warten teilweise noch auf ihre Umsetzung. Wegen finanzieller Restriktionen des Landes sind einzelne Arbeiten vorläufig verschoben worden, obwohl die Stadt im Städtewettbewerb einen Preis für die Gestaltung von Innenstadtplätzen gewann.[19]

Gemeinsam nach Visionen und Lösungen suchen

Allen diesen Verfahren gemeinsam ist, dass sie visions- und lösungsorientiert vorgehen. Statt sich auf die immer vorhandenen Konflikte auszurichten, lenken sie die Energie auf gewünschte Zukünfte. Aus der Forschung weiß man, dass die Konsensbasis in der Regel weit größer ist als vermutet. Doch wir neigen dazu, den Konflikten viel mehr Aufmerksamkeit zu geben (woran auch die Medien mitwirken) und verfehlen dann die Chance zum Konsens.

Dialogorientierte Verfahren arbeiten hingegen mit Moderatoren oder ›Facilitators‹. Diese geben Kommunikationsverfahren vor und setzen Impulse, die helfen, Diskussion und Dispute in Dialoge zu überführen. Statt Meinungskriege zuzulassen, laden diese Kommunikationsspezialisten und -spezialistinnen die Beteiligten ein, ihre je unterschiedlichen Sichtweisen einzubringen und arbeiten an so genannten Win-win-Lösungen, das heißt Lösungen, von denen alle und nicht nur die einen auf Kosten der anderen profitieren können. Das führt dazu, dass die Beteiligten sich in ihren Anliegen gehört und wahrgenommen fühlen und daher auch eher bereit sind, die Grenzen ihrer eigenen Interessen zu erkennen und zu akzeptieren. So wird ein Prozess des gemeinsamen Lernens unterstützt, der hilft, die gewünschten Zukünfte aus einer wechselseitigen Haltung der Wertschätzung Wirklichkeit werden zu lassen.

Rituale als Stützen für das Unbewusste

Wenn wir eine Haltung der Wertschätzung lernen und entwickeln wollen, dann versuchen wir zweierlei: das Bewusstsein zu erweitern und das Unbewusste ›umzuprogrammieren‹. Beides sind machtvolle Prozesse. Entlernen und Neulernen von

Glaubenssätzen finden auf der bewussten und unbewussten Ebene statt.

Auf der Bewusstseinsebene arbeiten wir daran, zu eng gewordene, meist unbewusste Glaubenssätze ins Bewusstsein zu heben, um sie dann loszulassen und durch andere Glaubenssätze zu ersetzen. Als junges Mädchen rang ich in heftigen Diskussionen immer wieder mit meinem Vater, weil er dazu neigte, die Welt in ›Freund-Feind-Kategorien‹ zu sehen, ich dies aber ablehnte. Dies leitete für mich einen Prozess der Bewusstwerdung ein: Ich studierte Geschichte, Politik und Soziologie, um zu verstehen, worum es ging. Ich beschäftigte mich mit Revolutionen, mit dem Verhalten multinationaler Konzerne, dem Zusammenspiel von Ökonomie und Politik. Doch all dies verschaffte mir keine mentalen Modelle und keine Glaubenssätze, die mich in einen Frieden mit mir und anderen brachten. So ging ich schließlich den spirituellen Weg der Erweiterung meines Bewusstseins. Ich lernte, was es heißt, aus der Einheit heraus zu denken und zu fühlen, statt die Welt in Freund und Feind zu sortieren. Und ich lernte, welch machtvolle, Frieden schaffende Kräfte wir aktivieren können, wenn wir uns auf dieses Einheitsbewusstsein einlassen.

Doch der Raum des Unbewussten ist groß. Nicht alles lässt sich ins Bewusstsein heben und vor allem nicht schnell. Deswegen steuert uns das Unbewusste selbst dann, wenn wir es nicht wollen. Ich selbst bin in einer Familie aufgewachsen, in der Konkurrenz auf allen Ebenen angesagt war. Es war keine bösartige Konkurrenz, aber es gehörte zur Familienkultur, dass der eine versuchte, den anderen zu übertrumpfen. Als Mädchen mit zwei älteren Brüdern hatte ich dabei keinen einfachen Stand. Ich lernte mich zu wehren, lernte, meine Worte machtvoll einzusetzen und meinen Platz zu behaupten. Dieses Muster steckt so tief in mir, dass ich mich selbst mit redlichem Bemühen davon bislang nicht vollständig befreien konnte. Im Zweifelsfall versuche ich, mein Gegenüber in die Schranken zu weisen. Mein Unbewusstes begehrt auf, sagt mir, das kannst du dir nicht bieten lassen, wehre dich! Mir fehlt dann die Haltung der Selbstwertschätzung, um die Dinge gelassener anzugehen, ohne mich selbst entwertet zu fühlen.

Weil das Unbewusste so machtvoll ist und uns Menschen in hohem Maße steuert, ist es so wichtig, Stützen für das Unbewusste zu finden, die helfen, mehr Wertschätzung zu leben. Solche Stützen können Rituale sein. Rituale sind Botschaften an das Bewusstsein und an das Unbewusste. Damit unterstützen sie eine ›Umprogrammierung‹ auf beiden Ebenen. In Ritualen verdichten Menschen Erfahrungen, Wünsche, Hoffnungen. In Ritualen drücken wir Beziehungen aus, zu uns selbst, zu unseren Mitmenschen, zur Natur, zu bestimmten Situationen. Es gibt Rituale, die Angst bannen (Gute-Nacht-Rituale, Einschlafgeschichten), die den Beginn einer neuen Phase verdeutlichen (Taufe, erster Schultag, Examen) oder die den lebensentscheidenden Übergängen (Hochzeiten, Begräbnisse) eine Form geben. Rituale stützen und trösten. Sie schaffen Sinn; sie helfen, Entwicklungen einzuordnen; sie geben dem Leben Rhythmus und Richtung, und sie verbinden uns mit der Transzendenz. Rituale haben so eine Fülle unterschiedlicher Funktionen für unser seelisches Wohlergehen.

Hinter uns liegt eine Phase der Entritualisierung. »Befreit den Muff von tausend Jahren unter den Talaren« war der Slogan der Studentenbewegung. Ich sehe noch meinen Geschichtsprofessor Rudolf von Thadden, wie er bei der Inaugurationsfeier, die den Semesterbeginn in Göttingen feierlich einleitete, inmitten schwarz gewandeter Kollegen mit einem hellblauen Anzug in die Aula einzog. Mit leicht gesenktem Kopf stellte er sich dem Skandal, den er damit provozierte. Meine Generation fand dies gut und räumte gründlich auf – auf allen Ebenen: Den Männern zeigten wir, dass wir gut darauf verzichten konnten, von ihnen in den Mantel geholfen zu bekommen. Wir waren selbstständig genug, uns selbst zu helfen. Autoritätspersonen verweigerten wir die respektvolle Anrede mit dem Titel und vieles mehr. All dies hat sein Gutes gehabt. Es hat mit Ritualen aufgeräumt, die entleert waren und die in einer demokratischen Gesellschaft der Grundlage entbehren. Doch es hat den Anschein, als hätte meine Generation das Kind mit dem Bade ausgeschüttet.

Der Mensch braucht Rituale, um sein Leben zu ordnen. Rituale vermitteln dem Unbewussten Struktur und Sicherheit. Und dies gilt auch für das meist unbewusste Bedürfnis nach Wertschätzung und Anerkennung. Deswegen ist es wichtig, sich Rituale der Wertschätzung – alte und neue – ins Bewusstsein zu rufen und sie mehr als bisher zu pflegen. Sie helfen uns auf dem Weg zu mehr Wertschätzung im Alltag ebenso wie bei besonderen Gelegenheiten. Entsprechend den verschiedenen Ebenen, auf denen Wertschätzung lebendig werden kann, unterscheide ich im Folgenden zwischen Ritualen der Wertschätzung mir selbst gegenüber, Ritualen der Wertschätzung anderen gegenüber und Ritualen der Wertschätzung der Natur gegenüber.

Rituale der Wertschätzung mir selbst gegenüber

Unsere Gesellschaft ist von Stress und Hektik geprägt. Auch ich führe ein Leben, das zu schnell und zu hektisch ist. Deswegen sind meine Rituale der Wertschätzung mir selbst gegenüber vor allem geprägt von dem Ziel, mir bewusst und unbewusst Pausen für den Dialog nach innen zu gönnen. Ich schaffe mir damit einen rituellen Raum, den nur ich betreten kann. Helga Nowotny nennt dies ›Eigenzeit‹.[20] Dabei kann ich ganz unterschiedliche Rituale nutzen: Regelmäßige Pausenzeiten[21] während des Tages, tägliche Meditationszeit oder – wer es weniger spirituell möchte – ein rituelles Bad mit Kerzenlicht und gutem Duft. Es kann der abendliche oder morgendliche Rückblick mit dem Tagebuch sein oder der Spaziergang alleine in der Natur, der ob seiner Regelmäßigkeit einen rituellen Charakter hat. Es kann – wohl eher im Frauenleben – eine Praxis des rituellen Kochens, Bügelns oder Saubermachens sein, bei dem ich mich weniger auf das Produkt meines Tuns konzentriere als mich auf den inneren Dialog auszurichten.[22] Im Leben eines Mannes ist es vielleicht eher der rituelle Rückzug zum Handwerken, zum Gärtnern oder Angeln. Wenn das Ritual den Raum nach innen öffnen soll, dann ist es entscheidend, dass es weder ablenkt noch den Blick nach außen abzieht, beispielsweise durch Zeitung oder Fernsehen.

Andere Rituale der Selbstwertschätzung mögen eine ganz andere Funktion haben. Ein Mensch, der sich als träge oder immobil erlebt, kann sich selbst wertschätzen, indem er rituell die eigenen Kräfte erprobt. Ein alter, kranker oder ängstlicher Mensch kann sich so mithilfe ritueller Handlungen vergewissern, dass er oder sie noch in der Lage ist, den eigenen Aktionsraum zu halten – durch den täglichen Gang zum Briefkasten, den Abendspaziergang oder den regelmäßigen Besuch des Schwimmbads.

Andere drücken Wertschätzung sich selbst gegenüber aus, indem sie sich geistige Nahrung verschaffen. Eine meiner Studentinnen war rund achtzig Jahre alt. Für sie hatte der Universitätsbesuch den Charakter einer rituellen Handlung, den sie noch dadurch unterstrich, dass sie nie ohne einen Berg selbst gebackener Waffeln auftauchte, sehr zum Vergnügen vor allem der männlichen Kommilitonen. Auch das tägliche Zeitunglesen nach einem Tag, an dem man ständig auf Anforderungen von außen reagieren musste, kann rituellen Charakter haben und bedeuten, dass nun der Zeitpunkt gekommen ist, den eigenen Bedürfnissen zu folgen.

Die Möglichkeiten, solche Rituale zu entwickeln, sind quasi unerschöpflich. Wenn wir ihre Kraft entdecken, kann es regelrecht Spaß machen, sie in das eigene Leben einzuladen. Wichtig ist, dass sie sich nicht selbst überleben. Rituale sind wiederkehrende Handlungen, die Botschaften an das Unbewusste senden. Doch wenn sie schal geworden sind, wenn sie nur noch vollzogen werden, ohne eine tiefere Bedeutung zu transportieren, dann gehören sie abgeschafft. Dann ist es Zeit, ein neues Ritual zu entwickeln, das demselben Zweck dient, nämlich meinem Unbewussten die Botschaft zu geben, dass ich mich wertschätze mit meinen Bedürfnissen, so wie ich bin.

Rituale der Wertschätzung von anderen

> *Der Eckstein im Tempel [ist] nicht höher*
> *als der niedrigste Stein in seinem Fundament.*
>
> Khalil Gibran

Unzählig sind die Rituale der Wertschätzung von anderen. Sie reichen von einem freundlichen Lächeln bis zur Militärparade für einen hohen Würdenträger. Jede Kultur und jede Epoche bringt andere Rituale hervor. Für mich sieht es so aus, als wäre die (deutsche) Gegenwart von einem besonderen Mangel an Ritualen der Wertschätzung für andere geprägt. Die Nachwirkungen der von mir einst eifrig und aus gutem Grund mit verfolgten Demontage von Ritualen durch die 68er-Generation dürften dazu einiges beigetragen haben. Heute gilt es, neue Sinn gebende Rituale der wechselseitigen Wertschätzung zu entwickeln. Rituale der Wertschätzung stehen – wie die Tabelle zeigt – in Verbindung mit unterschiedlichen Bedürfnissen.

Rituale der Wertschätzung von anderen	
Bedürfnis/Wunsch, das/der wertgeschätzt werden will	Ausdrucksformen der Wertschätzung:
Wunsch, gehört zu werden	Rituale des aufmerksamen Zuhörens, zum Beispiel in Dialogverfahren durch Redestein oder Redestab, jemanden zum Reden einladen, oder ihm/ihr das Redepult überlassen
Wunsch, gesehen zu werden	Freundliches Lächeln, interessiertes Nachfragen nach Wohlbefinden, Platzierung an besonders hervorgehobenen Plätzen, Reihenfolge als Rangfolgen, Recht auf spezielle Kleidung oder Utensilien
Wunsch, Anerkennung zu finden bezüglich Geschlecht, Alter oder Status	Entlasten von anstrengenden Tätigkeiten, Vortritt lassen, Sitzplätze freimachen, unterstützende Höflichkeit (in den Mantel helfen, Türe aufmachen und offen halten, Essen und Getränke anreichen), aufmerksam sein für Bedürfnisse und Wünsche, sich nach dem Wohlbefinden erkundigen, zuerst sprechen lassen, nur bei Aufforderung reden und antworten, Paraden, Ehrenformationen

Wunsch nach Berücksichtigung der eigenen Interessen	Raum herstellen, um die Interessen zum Ausdruck bringen zu können, Verfahren und Wege für Win-win-Lösungen, bei denen unterschiedliche Interessen gewürdigt werden können
Wunsch nach Anerkennung von Leistung	Anerkennung durch Erwähnung und Lob, Lobreden, Auszeichnungen, Prämien, Preise, Ehrungen, Urkunden
Wunsch, auch in Not geachtet und beschützt zu werden	Gebete, Besuche, Dienst an bedürftigen Menschen
Wunsch nach Sicherheit und Geborgenheit	Gute-Nacht-Geschichten, Sicherheit stiftende Anrufe und Besuche
Wunsch nach Zugehörigkeit	Gruppen-Outfit, Feiern, die die Gruppenzugehörigkeit stärken
Wunsch nach Beständigkeit	Hochzeit, Eide, Schwüre
Wunsch nach bedingungsloser Liebe	Taufe, Kommunion, Konfirmation

Eigenes Modell

Rituale der Wertschätzung laden den anderen in den Raum meiner achtsamen Bewusstheit ein. Wenn ich mir vergegenwärtige, wie tief die Bedürfnisse jedes Einzelnen nach Anerkennung und danach, gesehen und gehört zu werden, sind, dann wird die Bedeutung solcher Rituale nachvollziehbar.

Viele Rituale im öffentlichen Raum haben sich überlebt. Die 68er-Generation hat sich vor allem gegen die Rituale der Eliten gewehrt und ihnen Machtmissbrauch vorgeworfen. In der Tat waren viele der inzwischen abgeschafften Rituale vor allem Instrumente der Machtdemonstration. Und dennoch können wir auf Rituale, die Wertschätzung gegenüber hohen Verantwortungsträgern ausdrücken, nicht verzichten. In der Gesellschaft gibt es unterschiedliche Rollen zu spielen. Menschen sind mit unterschiedlicher Verantwortung ausgestattet. Ein Politiker oder eine Politikerin hat eine Aufgabe mit einer größeren Verantwortung zu erfüllen als jemand, dessen politische Mitwirkung sich nur auf den Wahlakt beschränkt. Lehrer und Dozenten haben dafür Sorge zu tragen, dass die ihnen anvertrauten jungen Menschen geistig und seelisch wachsen und sich entwickeln können. Eine Führungskraft in der Wirtschaft trägt Verantwortung für die Qualität und Quantität der geleisteten Arbeit. Diese Übernahme von Verantwortung verdient Wertschätzung und Respekt. Von daher brauchen wir Rituale, die solcher Wertschätzung Ausdruck geben. Hier Wertschätzung zu zeigen bedeutet nicht, die Eigenverantwortung abzugeben oder minderwertig zu sein. Es ist vielmehr die Achtung für die Rolle und die Verantwortung, die jemand wahrnimmt. Gerade wenn die Unterschiedlichkeit der Rollen anerkannt wird, wird ein Dialog möglich, ohne sich ›etwas zu vergeben‹.

Doch Wertschätzung verdienen nicht nur die Verantwortungsträger in Politik, Wirtschaft und Gesellschaft, sondern genauso die unzähligen Menschen, die sich für die unterschiedlichsten Belange in einer stärker ausführenden Tätigkeit einsetzen. Vom Automanager Henry Ford berichtet man, dass er nie an dem Pförtner vorbeiging, ohne ihn achtsam zu grüßen. Der große Weise Khalil Gibran benutzt die eingangs zitierte Metapher des Tempels und weist uns darauf hin, dass selbst der kleinste Stein bedeutsam ist, damit der ganze Tempel stehen kann. Die vielfältigen Beiträge von Menschen zum Ganzen wahrzunehmen und zu würdigen, ist daher eine Herausforderung auf dem Weg zu mehr Wertschätzung. Der Alltag bekommt eine neue Qualität, wenn wir uns kleine Rituale der Wertschätzung schaffen und sie zu leben wagen: Mit einem freundlichen Wort und einem Lächeln an der Kasse beim Einkaufen, mit dem von Herzen kommenden Dank für eine geleistete Arbeit, mit der Einhaltung von gemeinsamen Zeiten für Austausch und Begegnung, in denen die anstehenden Fragen aller Beteiligten geklärt werden können.

Auch im privaten Alltag brauchen wir Rituale. Ganz besonders intensiv lehren uns dies Kinder. Rituale schaffen im Leben von Kindern Sicherheit. Wenn ein Kind immer wieder zu einer bestimmten Stunde ein Märchen erzählt bekommen möchte, ist es mehr als nur die Geschichte, die es hören will. Mit der Gewissheit, die Geschichte von einer geliebten Person erzählt zu bekommen, verbinden sich Gefühle des Gesehen-, Gehört- und Geliebtwerdens, Gefühle der Zugehörigkeit und der Sicherheit. Als Erwachsene sind wir von solchen Bedürfnissen nicht frei, sie sind nur weniger drängend. Jeder von uns möchte spüren, dass er oder sie für einen anderen Menschen wichtig ist. Wenn wir das in unserem Bewusstsein zulassen (das heißt um die Bedürfnisse in der obigen linken Tabellenspalte wissen), dann können wir auch leichter anderen Menschen geben, was sie brauchen. »Gib, was du nicht bekommen hast«, so der Titel eines Buches von David Bach.[23] Das gilt auch für das Geben von Wertschätzung.

Besonders wichtig sind aus meiner Sicht Rituale, die das Zuhören unterstützen. Achtsames Zuhören, Hinhören, ist in sich bereits wertschätzend. Es ist heute ein gesellschaftlich rares Gut. Im wirklichen Zuhören ist der andere, wie Martin Buber sagt, nicht ein Es, sondern ein Du, nicht ein Objekt, sondern ein Subjekt.[24] In der Ich-Du-Beziehung öffne ich mich für den anderen, sodass ich – wie Buber sagt – ›fugenlos‹ mit ihm bin. Ich höre aus dem Bewusstsein der Einheit zwischen ihm oder ihr und mir zu. Dies ist derzeit nicht normal. Oft wird das Gegenüber nur als Stichwortgeber für die eigenen Gedanken genutzt; man hört zu, ist aber eigentlich mit sich selbst beschäftigt

Rituale als Stützen für das Unbewusste

oder damit, dem anderen zu zeigen, dass er oder sie Unrecht hat. Zutexten statt Zuhören.

Rituale, die das Zuhören stärken, lassen sich überall pflegen. Im privaten Alltag kann es die regelmäßig wiederkehrende Stunde sein, in der sich die Partner oder die Eltern und Kinder Zeit für ein Gespräch nehmen. Als meine Kinder klein waren, war es für uns die Stunde der ›Sofaecke‹. Hier durfte niemand stören, kein Telefon, kein Besuch, kein Anliegen, welcher Art auch immer. Es war die reservierte Zeit für die gemeinsame Begegnung.

Im Arbeitsleben kann es die regelmäßige Besprechung sein, die als Forum für den Austausch gilt. Ich habe es mir zur Gewohnheit gemacht, in Arbeitsbesprechungen den talking-stone, den Redestein, zu verwenden. Dieses indianische Ritual sieht vor, dass die Person, die den Stein in der Hand hat, die ungeteilte Aufmerksamkeit der anderen besitzt. Es lässt sich nicht nur – wie oben beschrieben – in Großgruppenverfahren verwenden, sondern durchaus auch in kleineren Gruppen. Immer geht es darum, Menschen die volle Aufmerksamkeit zu schenken. Es ist ein Ritual jenseits von Hierarchie und Status, dessen Wirkungen nach meiner Erfahrung phänomenal sind. Es öffnet den Raum dafür, dass Menschen sich wahrgenommen fühlen. Störungen werden schneller sichtbar und behebbar und die Kommunikation gewinnt an Achtsamkeit und wechselseitiger Wertschätzung.

Im öffentlichen Raum könnten vor allem Politik und Medien eine Vorbildfunktion für wertschätzende Kommunikation gewinnen, wenn sie auf aggressive Kampfkommunikation verzichten und eine Kultur des Hinhörens und Zuhörens pflegen.

Auch Rituale der Wertschätzung gegenüber älteren Menschen gilt es neu zu entwickeln. Der Sturm gegen die Autoritäten hat in der bundesrepublikanischen Gesellschaft zu einer Entwertung älterer Menschen beigetragen. Es mangelt allerorten an Respekt und Hilfsbereitschaft. In Bus und Bahn älteren

Verfahren, Techniken, Rituale

Menschen wieder Platz zu machen, einem älteren Menschen in den Mantel zu helfen, ihm oder ihr an der Tür den Vortritt zu lassen – all dies ist ein Ausdruck minimaler Wertschätzung, den wir uns wieder leisten sollten.

So schließt sich der Bogen: Wenn wir neue Rituale der Wertschätzung für andere schaffen wollen, dann ist es hilfreich, sich auf die linke Spalte der obigen Tabelle zu konzentrieren. Das Wissen darum, dass in jedem von uns ein tiefes Bedürfnis nach Wertschätzung existiert, hilft uns das, wonach wir uns selbst so sehr sehnen, auch anderen zu geben.

Rituale der Wertschätzung der Natur

Rituale, mit denen der Natur Wertschätzung entgegengebracht wird, sind in unseren Breitengraden kaum noch bekannt. In Europa muss man in besondere Naturregionen gehen, um ihnen zu begegnen: in die hohen Berge, in den höchsten Norden, in entlegene Gegenden. Dort findet man an besonderen Stellen kleine Altäre, die inmitten der Natur die Verbindung zu transzendenten Kräften symbolisieren. Doch Menschen haben zu allen Zeiten an herausragenden Plätzen der Natur einen Bezug zwischen den Welten hergestellt: durch ein Kreuz auf einer Bergspitze, eine Buddhastatue auf einem Felsmassiv, einen Tempel, der das Meer überblickt, eine Kirche, die an einem Kraftort der Natur gebaut wurde. In diesen Zeichen und Bauten findet bis in unsere Tage hinein nachvollziehbar eine Kommunikation zwischen Mensch, Natur und Gott ihren sinnbildlichen Ausdruck.

Rituelle Opferhandlungen, die den Naturkräften huldigen, sind dagegen quasi verschwunden. Mit dem Sieg des Christentums über die Naturreligionen erhielt die Natur einen Objektstatus. Der Mensch wurde zum Herrscher über die Natur. Zeremonien und rituelle Handlungen verschwanden – sieht man einmal vom Erntedankfest und den Johannisfeuern zur Sommersonnenwende am 21. Juni ab. Das Weihnachtsfest liegt nicht zufällig in unmittelbarer zeitlicher Nähe zur Wintersonnenwende am 21. Dezember. Mit der Einführung christlicher Feste in zeitlicher Nähe zu Feiern, die die Natur heiligten, sollte die Kraft der alten Bräuche und Riten gebrochen werden.

Heute zu neuen Ritualen zu finden, die der Natur und ihren Kräften Wertschätzung entgegenbringen, ist – zumindest in unserem Kulturraum – nicht leicht. Die Natur, die Welt der Pflanzen und Tiere, zeigt sich im vorherrschenden Bewusstsein als (geistlose) Materie. Sie wird zum Objekt unserer Handlungen; ihr wird die Qualität eines Subjekts, mit dem wir kommunizieren können, weitestgehend abgesprochen. Die Natur erscheint als das Andere, das Fremde, das zu Bearbeitende, nicht jedoch als die eigenschöpferische natürliche Mitwelt des Menschen.

Und dennoch ist es möglich, wieder einen wertschätzenden Zugang zur Natur zu finden, der sich auch in Ritualen niederschlägt. In dem Buch von Joachim Ernst Berendt *Nada Brahma – Die Welt ist Klang*[25] wird von einem Experiment mit Tomaten berichtet: Man stattete eine Reihe von Haushalten mit jeweils zwei Tomatenpflanzen aus. Mitgegeben wurden genaue Pflegeanweisungen. Die eine Pflanze sollte einfach mit Wasser versorgt werden; zu der anderen Pflanze hingegen sollten die Besitzer sprechen und ihr Aufmerksamkeit schenken. Nach geraumer Zeit wurde das Wachstum der Pflanzen und Tomaten untersucht. In allen Fällen konnte man feststellen, dass die Pflanzen, die Zuwendung und Aufmerksamkeit bekommen hatten, besser gediehen waren und größere Tomaten trugen. Doch es gab eine Ausnahme, bei der beide Pflanzen sich ähnlich entwickelt hatten. Befragt, was die Besitzerin denn gemacht habe, antwortete sie, sie habe es nicht übers Herz gebracht, nur die eine Pflanze anzusprechen, ohne auch der anderen ihre besondere Zuwendung zu schenken! So konnten sich beide Pflanzen gleich gut entwickeln, weil beide die gleiche Wertschätzung erfahren hatten!

Ich selbst habe als Städterin viel zu lernen. Vor vielen Jahren nahm ich regelmäßig einmal im Monat an einem Ritual zur Feier des Vollmonds teil. Es war mir fremd und ich kann mich kaum noch daran erinnern. In den 90er-Jahren habe ich mich dann einen Monat lang an einen schwedischen See zurückgezogen, ohne Telefon, Fernseher, ganz alleine. Ich wollte das All-Eins-Sein erfahren.[26] Mein Kontakt mit der Natur war nie inniger als damals. Heute kenne ich aus dem indischen Kulturraum das Ritual zur Feier des Neumondes – Shivaratri. Die besondere Bedeutung dieses Tages ist, dass der Geist besonders wenig aktiv ist, sodass sich das Göttliche leichter im Menschen offenbaren kann. Die Shivaratri-Nacht, die Shiva geweiht ist, wird daher mit spirituellen Gesängen gefeiert. Dies kann monatlich geschehen oder nur an Maha Shivaratri, der Nacht des dunkelsten Neumondes, in der rund um die Uhr gesungen wird. Doch die Übernahme von Ritualen aus anderen Kulturräumen ist schwierig. So gilt es, entweder an die eigenen kulturellen Überlieferungen anzuknüpfen, was bei uns wohl eher vorchristliche[27] sind, oder sich neue Rituale zu schaffen. Da es vielleicht hilfreich ist, meinen eigenen Weg der Suche nach Ritualen nachzuvollziehen, will ich dafür im Folgenden kurze Beispiele geben.

Mein Ritual gegenüber der Welt der Pflanzen ist die Arbeit mit Blumen. Ich fühle mich in meiner Wohnung erst dann zu Hause, wenn ich Blumen eingeladen habe. Das Aufräumen und das Ordnen der Dinge findet seinen natürlichen Abschluss dadurch, dass ich Blumen aufstelle. Sie müssen nicht kostbar sein. Es kann ein einfacher Zweig in einer schönen Vase sein, der die Welt der Pflanzen in meine Wohnung bringt. Ich erinnere mich an eine Haushaltshilfe, die zwar die Wohnung säuberte, aber – da sie alle

Pflanzen in den Eimer beförderte – in meiner Wahrnehmung eine kleine Wüste hinterließ. Ich bat sie eines Tages, doch am Ende in den Garten zu gehen und etwas für den Schmuck zu suchen. Meine Überraschung war groß: Sie suchte nicht nur, sie entwickelte eine regelrechte Kunst im Stecken von Blumen und Pflanzen, und wenn ich von der Arbeit nach Hause kam, merkte ich, dass hier mehr als nur Saubermachen passiert war. Der Schönheit der Natur war Wertschätzung entgegengebracht worden.

Schnittblumen sind Pflanzen, deren Leben durch menschliche Handlung zu Ende geht. Irgendwann wusste ich, dass ich lernen müsse, Blumen weiterleben zu lassen und ihnen dadurch Wertschätzung entgegenzubringen. Dabei fühlte ich mich an meinen Vater erinnert, der – selbst ein leidenschaftlicher Hobbygärtner – es immer abgelehnt hatte, Schnittblumen zu kaufen. So gibt es jetzt bei mir zu Hause und auf der Terrasse immer mehr Topfpflanzen. Die morgendliche Begrüßung der Pflanzen ist ein kleines Ritual, das ich nicht regelmäßig, aber immer mal wieder pflege. Mein nächster Schritt, das weiß ich seit langem, wird es sein, mich stärker dem Garten zuzuwenden. In dem letzten Haus, in dem ich gewohnt habe, konnte ich mitverfolgen, welchen Zauber eine Nachbarin schuf, die – kaum von der Arbeit heimgekehrt – sich in den Garten begab. Die Blumen leuchteten um die Wette – ein nie endender Reigen vom Frühjahr bis zum späten Herbst.

Last but not least: Ich beziehe die Welt der Pflanzen in meine Gebete mit ein. Das gilt auch für die Welt der Tiere. Hunde und Katzen waren in meiner Kindheit ein Tabu. So war ich regelrecht stolz auf mich, als ich es schaffte, für meine Kinder Hund und Katze anzuschaffen, sie lieben zu lernen und mit ihnen vertrauensvoll umzugehen. Später hörte ich auf, Fleisch zu essen oder, wenn ich es doch einmal bei einer besonderen Gelegenheit tat, dankte ich dem Tier, das sein Leben für diese Mahlzeit gegeben hatte. Beim Fisch muss ich dasselbe noch lernen.

Die Mineralien sind mir durch die schönen Steine vertraut geworden, deren Schwingungen heilende Wirkungen haben. Das Wasser, das ich trinke, stammt aus dem Wasserhahn, aber es wird durch Bergkristall, Amethyst und Rosenquarz energetisiert und verbessert. Einzelne besondere Steine haben einen besonderen Platz in meinem Umfeld. So habe ich auch hier Wege gefunden, wie ich den Elementen Respekt entgegenbringen kann.

Andere Menschen sind bei ihrer Suche nach Ritualen der Wertschätzung der Natur viel weiter gegangen als ich. So berichtete mir eine Freundin, dass sie sich bereits als junge Frau in den Siebzigerjahren für sechs Monate nach Kreta zurückgezogen habe. Sie lebte dort in völliger Verbundenheit mit der Natur in einer einsamen Hütte mit Brunnen und Blick auf den Strand. Bei sich hatte sie nicht viel mehr als das Nötigste und eine Trommel. Zu ihrer eigenen Verwunderung begann sie einen rituellen Dialog mit der Natur, mit Sonne, Mond und Sternen. Sie ist bis heute zutiefst davon überzeugt, dass es anderen ähnlich ergehen würde, wenn sie sich nur dazu den inneren Zeitraum erschließen würden. Sie sieht das Wissen um einen innigen Dialog mit der Natur als Teil des kulturellen kollektiven Gedächtnisses an, das uns nur durch die zivilisatorischen Entwicklungen aus dem Bewusstsein gerückt ist.

So mag jede und jeder im eigenen Leben kleine oder größere Rituale der Wertschätzung für die Welt der Pflanzen, Tiere und Mineralien, für Sonne, Mond und Sterne entwickelt haben oder neue Rituale zukünftig finden. Sie laden in unser Bewusstsein das Wissen ein, dass wir nicht allein auf dieser Erde leben. Wir sind mit unserer natürlichen Mitwelt eng verbunden. Denn: Wir leben in der Natur, wir leben von der Natur, wir sind Natur. Die natürliche Mitwelt zu ehren heißt, ihr den Respekt und die Achtung entgegenzubringen, die sie – wie wir auch – braucht.

Ausblick:

Mut und Selbstvertrauen

Die Siebenmeilenstiefel auf dem Weg zu einer Kultur der Wertschätzung

Mut und Selbstvertrauen – das brauchen wir, wenn wir eine Kultur der Wertschätzung schaffen wollen. Dabei helfen Siebenmeilenstiefel, die uns bei sieben existenziellen Schritten auf dem Weg der Verwandlung beflügeln:

1. Aufmerksamkeit abziehen von Fehlern und Problemen und umlenken auf eine wünschenswerte Zukunft

»Zählt die falschen Schritte, und ihr werdet sie mit Sicherheit wiederholen«, so die bereits zitierten Worte von Sathya Sai Baba, und sein Rat: »Richtet eure Aufmerksamkeit auf das, was ihr braucht, nicht auf das, was ihr vermeiden müsst.« Mit dieser Aussage bestätigt er das zitierte Gesetz der wertschätzenden Befragung, das lautet: Das, worauf wir unsere Aufmerksamkeit richten, wird groß. Richten wir unsere Aufmerksamkeit auf Mangel, so erleben wir Mangel. Richten wir unsere Aufmerksamkeit auf Fülle, so erleben wir Fülle und mehren die Fülle. Das gilt auch für Wertschätzung.

Es nützt nichts, wenn wir einen Mangel an Wertschätzung uns selbst und anderen gegenüber beklagen. Wir können gleich anfangen, dankbar zu sein für die Wertschätzung, die wir erfahren und erfahren haben. Und wir können uns dafür öffnen, uns selbst und anderen die ersehnte Wertschätzung entgegenzubringen.

David Bach weist mit seinem Buchtitel *Gib, was du nicht bekommen hast* den Weg: Wenn wir denn tatsächlich keine Wertschätzung erfahren haben, braucht uns das letztlich nicht zu blockieren. Im Gegenteil: In dem Wissen, dass jede und jeder sich nach Wertschätzung sehnt, wie ich auch, kann ich sogleich damit beginnen, Wertschätzung in meinem Leben auszudrücken. Ich kann anfangen, sie mir selbst und anderen entgegenzubringen. Dann komme ich aus dem Teufelskreis und dem Jammertal heraus. Wo Wertschätzung gelebt wird, weckt sie Wertschätzung. Indem ich sie mir und anderen gegenüber äußere, lade ich sie in mein und in ihr Leben ein. Ich wirke – und wenn der Schritt auch noch so klein ist – daran mit, dass sich eine wertschätzendere Kultur entwickelt. Ich fördere den Frieden mit mir und anderen.

2. Ernstnehmen der inneren (Ge)Wissensimpulse

Jeder Mensch hat eine Innere Führung. Es ist der göttliche Funke in uns, der hilft, die ureigensten Lebensaufgaben zu meistern, die in diesem Leben bewältigt werden sollen und das zu lernen, was die Seele lernen möchte. Diese Innere Führung kann man auch als Gewissen bezeichnen. Damit meine ich nicht das verinnerlichte Eltern-Ich oder das Kollektiv und seine Erwartungen. Es ist die Stimme Gottes, die als Liebeskraft in jedem Menschen wohnt und die mir hilft, mein Bewusstsein so zu erweitern, dass ich die Einheit all dessen, was ist, erfahren kann. Die Innere Führung ist eine feine, leise Stimme, die zu hören in unserem lauten Alltag schwierig ist. Wie bei einem Radiosender gilt es, die Einstellung genau zu justieren, das heißt, mich für diese Innere Führung zu öffnen und auf sie zu hören.

Der bewegende Film über die letzten Tage der Widerstandskämpferin Sophie Scholl[1] zeigt, welche Kraft mobilisiert werden kann, wenn ein Mensch auf seine Innere Führung hört. Sophie Scholl war 1943 gerade Anfang zwanzig; doch zusammen mit ihrem Bruder war sie der führende Kopf der studentischen Widerstandsbewegung gegen den Faschismus »Die Weiße Rose«. Ihre Protagonisten mussten mit dem Leben zahlen. Doch sie waren in ihrem Tun im tiefsten Frieden mit sich selbst, weil sie auf die Stimme ihres Gewissens gehört hatten.

Die Innere Führung drückt ein tiefes Wissen um die Einheit all dessen aus, was existiert. Es ist eine Stimme der Liebe. Sie weiß darum, dass ich alles, was ich anderen antue, auch mir antue und dass mein Tun auch auf mich zurückwirkt. Verbinde ich mich mit dieser Inneren Führung, so bin ich im einzigen wirklichen Selbst-Vertrauen. Es ist nicht das Vertrauen in mein kleines Ich oder Ego, sondern ein Vertrauen in das große Ich oder Selbst, jene göttliche Kraft, die in mir und durch mich wirkt.

3. Einheit von Gedanke, Wort und Tat

Es genügt nicht, die Innere Führung zur Kenntnis zu nehmen. Es gilt auch, ihr zu folgen. Das ist nicht einfach. Unsere Ängste stehen uns im Weg. Doch immer, wenn die Angst auftaucht, bin ich aus dem Selbst-Vertrauen herausgetreten. Ich habe die Wahl: Furcht oder Vertrauen. Wenn mein inneres Wissen mir sagt, dass ich an dieser oder jener Stelle mehr Wertschätzung in mein Denken, Fühlen, Handeln einladen sollte, dann kann ich meinen Willen einsetzen, um mir selbst treu zu bleiben. Einheit von Gedanke, Wort und Tat heißt, sich selbst treu zu bleiben. Tue ich dies, so erwächst daraus innerer Friede.

4. Wissen, Wollen, Wagen – Schweigen

In einer Kultur mangelnder Wertschätzung braucht es Mut, den Weg der Wertschätzung bewusst zu beschreiten. Dies gilt besonders, wenn ich selbst wenig Wertschätzung erfahren habe und mich bislang mit Selbst- und Fremdentwertung und Mangelgefühlen herumgeschlagen habe. Solange ich mir noch nicht sicher bin, dass ich mich mit Entschiedenheit auf den Weg der Wertschätzung begeben will, bin ich verletzbar und verwundbar. Ich kann an der Richtigkeit meines Vorsatzes Zweifel entwickeln und mich wieder auf den bequemeren Weg mangelnder Selbst- und Fremdwertschätzung zurückziehen.

Deswegen ist es wichtig, innere Sicherheit herzustellen: Auf dem Weg zu einer wertschätzenden Haltung brauche ich Gewissheit in mir selbst, dass ich sie leben und fördern will, selbst wenn ich dies nur mit allen Schwierigkeiten und Stolpersteinen kann. Ich muss meinen Willen aktivieren – in aller Demut und Bescheidenheit bei diesem Vorhaben.

Worum es dabei geht, zeigt sich im Vergleich mit dem alchemistischen Gefäß: Wenn ich dieses Gefäß zu früh öffne, kann die verwandelnde chemische Reaktion nicht mehr stattfinden. Der Deckel muss lange genug auf dem Gefäß bleiben, damit die Verwandlung (zum Beispiel bei einem Gärvorgang) sich vollziehen kann. Was beim alchemistischen Gefäß der Deckel ist, ist beim Menschen das Schweigen. Wenn ich so lange schweige, bis ich mir meines Vorsatzes, Wertschätzung zu lernen und zu leben gewiss bin, dann halte ich den Deckel zu: Kein äußerer Einfluss kann mich irritieren oder verunsichern. Und ich werde stark, den Herausforderungen, die das Leben mir schenkt, in einer Haltung der Wertschätzung zu begegnen. Ich kann mich erproben, ohne mich gleich an den Pranger gestellt zu fühlen.

5. Sich mit Gleichgesinnten zusammentun

Ein einzelnes Licht kann Helligkeit in einem begrenzten Umfeld hervorzaubern. Viele Lichter hingegen beleuchten einen ganzen Raum. Sie schaffen eine ganz andere neue Atmosphäre. So ist es auch, wenn wir uns mit Gleichgesinnten in einer Kultur wechselseitiger Wertschätzung vernetzen. Wir verbinden dann Lichtpunkte, die eine andere Kultur der Begegnung leben und fördern. Die Kraft der Einzelnen potenziert sich. Der schöne Nebeneffekt dabei: Es ist ein wohliges Gefühl zu spüren, dass andere auf demselben Weg sind. Ängste nehmen ab, Kraft vermehrt sich, Multiplikatoreneffekte treten auf.

6. Sich öffentlich machen, einen Schneeballeffekt auslösen

Nochmals: »... wenn wir unser Licht scheinen lassen, geben wir damit unbewusst anderen die Erlaubnis, es auch zu tun. Wenn wir von unserer eigenen Angst befreit sind, befreit unsere Gegenwart automatisch andere.«

Nelson Mandela, der diese Worte bei seiner Inaugurationsrede als südafrikanischer Präsident gesprochen hat, hat durch sein Leben und Wirken gezeigt, welche Kraft in dem Mut steckt, »sein Licht scheinen zu lassen«. Er hat den Weg zu einer Kultur der Versöhnung in einem Land gelegt, dessen Seele durch jahrzehntelangen Rassenhass zutiefst verwundet war und ist. Indem er dem politischen ›Gegner‹ in einer Haltung der Wertschätzung begegnete und eine Kultur des wechselseitigen Hinhörens und des Dialogs förderte, hat er Bürgerkrieg und Blutvergießen verhindern oder zumindest deutlich einschränken können. Sein Beispiel machte weltweit Schule, und er gilt heute zu Recht als einer der großen Friedensstifter unserer Epoche.

Mit der Vermutung, solches sei nur den Heroen möglich, räumt Mandela sogleich auf. Dem obigen Zitat geht ein wichtiger Satz voran: »Er [Gott] ist nicht nur in einigen von uns, er ist in jedem Einzelnen.« Das bedeutet: Jeder von uns darf und kann sein Licht scheinen lassen und damit anderen die Erlaubnis geben, dasselbe zu tun. Der Wirkungskreis eines Nelson Mandela war groß, sehr groß. Mag unser Wirkungskreis auch noch so klein sein und mögen wir uns auch noch so schwer dabei tun: Das eigene Tun strahlt aus, wenn wir den Mut haben, uns öffentlich zu machen mit einem Anliegen, zu dem wir zutiefst stehen.

7. Den inneren Frieden stärken

Wer sich auf den Weg der Wertschätzung von sich und anderen begibt und darin auch die natürliche Mitwelt einbezieht, stiftet Frieden mit der inneren und äußeren Natur. Es mögen Konflikte auftreten – man erinnere sich wieder an das Beispiel der Widerstandsbewegung »Die Weiße Rose« um die Geschwister Scholl, deren Mitglieder sich aus der Kraft des Gewissens gegen das faschistische Menschen verachtende Unrechtssystem wandten. Ihre Protagonisten mussten mit dem Leben bezahlen. Doch sie stifteten Frieden, weil sie den Deutschen halfen, sich mit ihrer eigenen Geschichte zu versöhnen und die Wurzeln des kollektiven Gewissens freizulegen. Auch hier gilt: Nicht jede und jeder ist zu solchen Taten der inneren Gewissheit fähig. Umso wichtiger ist es, auch die kleinen Erfolge auf dem Weg zu mehr Wertschätzung mir selbst, anderen und der natürlichen Mitwelt gegenüber zu würdigen. Es gilt, sie zu bemerken, sie zu achten und sie zu feiern – als kleine Schritte auf dem Weg der Transformation.

Wenn es mir gelingt, die Beziehung zu einem Chef oder einer Chefin, einem Vater oder einer Mutter, einem meiner Geschwister, Freund oder Freundin wertschätzend zu verändern, wenn ich lerne, mit der Natur schonender und achtsamer umzugehen, wenn ich mein Verstehen für die Nöte und Belange von anderen erweitere, dann kann dies meine Freude und meinen inneren Frieden stärken. Das Einzige, was ich dazu brauche, ist, dass ich diese kleinen Schritte und Erfolge in meinen Raum der Wertschätzung einbeziehe.

Wie gesagt: Das, worauf ich meine Aufmerksamkeit richte, wird groß. Richte ich meine Aufmerksamkeit auf die Juwelen der Wertschätzung, die sich in meinem Leben zeigen, dann arbeite ich mit daran, dass aus diesen Juwelen eine Kette von Juwelen wird. Dabei binden die Juwelen nicht, sondern schmücken. Sie symbolisieren eine Kultur der Begegnung, die den Frieden mit der inneren und äußeren Natur unterstützt.

Glossar

AI-Summit
Eine Großgruppen-Konferenz-Methode, die auf dem Prinzip der Wertschätzenden Befragung, Appreciative Inquiry (AI) nach Cooperrider und Whitney beruht.

Agenda 21
Lokales Aktionsprogramm zur Umsetzung der Rio-Deklaration von 1992, das das Leitbild der Nachhaltigkeit in konkrete Projekte für Kommunen übersetzt, zum Beispiel im Bereich Energiesparen, Mobilität, Umweltbildung, Entwicklungspartnerschaften oder Stadtgrün.

Alumni
Personen, die eine Ausbildung erfolgreich abgeschlossen haben.

Appreciative Inquiry, Wertschätzende Befragung
Ein lösungs- und dialogorientiertes Kommunikationsverfahren, das von Cooperrider und Whitney entwickelt wurde. Es findet Anwendung in der Organisations-, Team- und Persönlichkeitsentwicklung.

Ashram
In Indien Aufenthaltsort eines Weisen oder Heiligen. Zentrum für religiöse Studien.

Atman
Nach den Veden: Die unsichtbare Grundlage, das wirkliche Selbst, die dem Menschen und allem Geschaffenen innewohnende Göttlichkeit, die eigentliche Substanz der gesamten objektiven Welt.

Authentizität
Übereinstimmung zwischen Gefühlen und Verhalten, Unbewusstem und Bewusstem; auch Einheit von Gedanken, Worten und Taten.

Glossar

Avatar
In der indischen Spiritualität Begriff für eine göttliche Inkarnation, die gekommen ist, um den Menschen den rechten Weg zu weisen.

Ayurveda
Das Wissen vom langen gesunden Leben, eine Jahrtausende alte Wissenschaft und Lebenslehre, die auf spirituellen Prinzipien basiert.

Bahai
Die Bahai sind vor allem in Indien, Afrika und Südamerika, aber auch in der westlichen Welt beheimatet, rekrutieren sich meist aus gebildeten Schichten und lehren die Einheit der Religionen und Wege zu Gott. Damit sind sie zum Teil heftigen Verfolgungen ausgesetzt.

Beginen
Glaubensgemeinschaft von Frauen, die ohne Gelübde in einer spirituellen und sozialen Gemeinschaft in ›Beginenhöfen‹ leben. Entstanden im 12. Jhd. in den Niederlanden, erleben sie derzeit eine Renaissance.

Blackberry
Blackberry ist der Name einer Familie von PDAs (Handheld-PC), die neben den üblichen PDA-Funktionen die Möglichkeit bieten, überall E-Mails zu empfangen und zu senden.

Brahman
Nach den Veden: »Das Allumfassende; das Universelle; das alles durchdringende, göttliche, namenlose, formlose, ewig absolute, allem innewohnende Prinzip.« (Mittwede 1992)

Buddhi
Nach den Veden Unterscheidungskraft, Höhere Intelligenz, Intuition, im Unterschied zu Gedanken und Gefühlen.

Core Belief
Grundlegender Glaubenssatz, bestimmt wesentlich das Selbstkonzept.

Counterpart
Einheimischer Kooperationspartner in einem Entwicklungshilfeprojekt.

Glossar

Dialog
Kommunikationsweise, die im Gegensatz zu Diskussion oder Debatte nicht auf richtig oder falsch abzielt, sondern darauf, die eigene Sicht der Dinge um die der anderen zu bereichern und damit gemeinsam neuen Sinn zu konstruieren.

Dharma
Nach den Veden: Rechtschaffenheit oder Göttliche Ordnung, Grundlage des spirituellen Lebens.

Doshas
Im Ayurveda die drei Grundprinzipien Vata (Luft), Pitta (Feuer) und Kapha (Wasser und Erde), die in jedem Menschen in individueller Ausprägung vorkommen. Geraten sie in ein Ungleichgewicht, können Krankheiten auftreten.

El Niño
El Niño (spanisch Christkind) nennt man die Störung der zyklischen Erwärmung des Ostpazifiks, die zu bedeutenden Wetteränderungen in Amerika und weltweit führt.

EMAS
Environmental Management Audit Scheme. In der EG-Öko-Audit-Verordnung von 2001 geregelte Vorschrift zum Öko-Audit, nach der Betriebe ihr Umweltmanagement zertifizieren lassen können und hierfür ein entsprechendes Siegel erhalten.

Enkulturation
Prozess, in dem ein junger Mensch lernt, die Normen und Werte seiner Kultur zu verinnerlichen.

Gunas
Nach den Veden Sammelbegriff für die drei Grundeigenschaften, aus denen alle Objekte der Erscheinungswelt bestehen, nämlich rajas, das Feurige, tamas, das Träge und sattva, das Ausgewogene und Reine.

Haptisch
Den Tastsinn betreffend, mit Berührungsempfindungen einhergehend. Es wird unterschieden zwischen taktiler Wahrnehmung (Oberflächensensibilität) und kinästhetischer Wahrnehmung (Tiefensensibilität).

Glossar

Indigene Völker
Eingeborene Völker, Ureinwohner

ISO-Zertifizierung
Die ISO ist ein weltweit anerkannter Standard zur Qualitätssicherung und Qualitätsverbesserung von Unternehmen, um Schwachstellen zu erkennen und Fehlerquellen zu eliminieren. Kundenzufriedenheit wird verbessert, Abläufe im Unternehmen werden effizienter usw.

Just-in-Time-Produktion
Computerunterstütztes Produktionssystem, bei dem die Zulieferung von Teilen und Materialien zeitnah zum Produktionsprozess erfolgt. Dadurch wird die Lagerhaltung reduziert und auf Straße und Schiene verlagert.

›Juwelen‹-Suche in der AI
In der AI (vgl. Appreciative Inquiry) eine wichtige Methode, um den Blick auf die Stärken zu lenken und die Aufmerksamkeit von Schwäche, Problemen und Fehlern abzuziehen.

Kinästhetisch
Teil der haptischen Wahrnehmung, Tiefensensibilität. Es geht um die Eigenwahrnehmung des Körpers.

Mahashivarathri
Nacht des dunkelsten Neumondes (im März), die in Indien der Verehrung des Gottes Shiva geweiht ist.

Mandala
Runde Urform des Lebens, die auf einen Mittelpunkt hin orientiert ist. Als spirituelle Kunstform dient das Mandala Meditationszwecken.

Mantra
Plural: Mantren. Heilige Worte oder Gebetsformel, die der Meditation dienen. Im Christentum könnte man ›Amen‹ und ›Halleluja‹ als Mantren bezeichnen.

Meditation
Versenken in die Innenwelt mit dem Ziel, die Gedanken zur Ruhe zu bringen, sodass sich in der Stille das Göttliche mitteilen kann.

Mentale Modelle
Gedankliche Vorstellungen im Sinne von »wenn ..., dann ...«-Verknüpfungen, die – meist unbewusst – meine Wirklichkeit konstruieren. Mentale Modelle entstehen vor allem in früher Kindheit und verfestigen sich durch Erfahrungen.

Nachhaltigkeit
Begriff aus der Forstwirtschaft: Der Holzeinschlag ist nachhaltig, wenn er die Fähigkeit des Waldes zur Regeneration nicht überschreitet. Der Begriff fand Eingang in die Ökologiedebatte und bezeichnet dort einen Umgang mit Ressourcen und natürlicher Mitwelt, der die Interessen der nachfolgenden Generation berücksichtigt.

Psychosynthese
Eine Psychotherapierichtung und Methode, die auf Roberto Assagioli, einen Schüler von Freud, zurückgeht. In Abkehr von Freud ist die Psychosynthese synthetisch und weniger analytisch ausgerichtet und transpersonal. Sie arbeitet mit dem Willen und geht von der Existenz eines Höheren Selbst als ordnendem Prinzip von Psyche und Bewusstsein aus.

Rajas
Nach den Veden eine der drei Grundeigenschaften (s. Gunas): Aktivität, Leidenschaft, Unruhe, Gier.

Redestein, Redestab (talking stick)
Ein Ritual der Indianer, das sicherstellen soll, dass jede Person in einem Gesprächskreis zu Wort kommen kann und beim Sprechen ungeteilte Aufmerksamkeit erhält.

Retreat
Zeit des Rückzugs, meist in ein Kloster, für spirituelle Studien.

Rishi(s)
Seher im alten Indien, die, wie die Propheten der Bibel, geoffenbartes Wissen niederlegten.

Sathyagraha
Die von Mahatma Gandhi angeführte Bewegung zur gewaltlosen Befreiung Indiens von der britischen Herrschaft, die er unter den Titel sathyagraha oder ›Festhalten an der Wahrheit‹ stellte.

Sathya Sai Baba
Avatar, der seinen Ashram in Puttaparthi in Südindien hat.

Sattva, sattvisch
Nach den Veden eine der drei Grundeigenschaften (s. Gunas): das Ausgewogene, Reine.

Schatten
Nach Sigmund Freud der Teil des Unbewussten, in dem Triebe, Verdrängtes und unerkannte Persönlichkeitsanteile angesiedelt sind.

Shareholder-Value
(Monetärer) Wert, der den Anteilseignern einer Aktiengesellschaft zugute kommt.

Shiva
Im Hinduismus Gott der Auflösung, Umwandlung, Zerstörung, der den Weg freimacht für das Neue.

Stakeholder-Value
Wert für alle, die an einer Unternehmung Interesse haben: Unternehmensführung, Mitarbeiter, Anteilseigner, Lieferanten, Kunden und die Öffentlichkeit.

Tamas
Nach den Veden eine der drei Grundeigenschaften (s. Gunas): das Träge, Unreine, Unklare.

TA-Luft
Technische Anleitung Luft von 1986. Verwaltungsvorschrift zum Bundesimmissionsschutz-Gesetz, die dem Schutz vor Luftverunreinigungen durch technische Anlagen dient. Wird ständig an neue wissenschaftliche Erkenntnisse und EU-Gesetze angepasst.

TAO
Chinesisch für ›der Weg‹. Eine der Religionen Chinas, die auf den Lehren des Lao-Tse beruht. Das Tao ist auch das grundlegende ewige Prinzip des Universums, das die Quelle für Leben und Wandel ist und die Realität des Jetzt und Hier überwindet.

Tat tvam asi
»Das bist du«. Mantra der Einheit zwischen Gott und Mensch.

Transpersonal
Über das Personale und Persönliche hinausweisend; bezeichnet die geistige Dimension des Menschen und damit dessen spirituelle Herkunft.

Tsunami
Flutwelle, die durch ein Seebeben ausgelöst wird.

Veden
Korpus der heiligen Schriften Indiens, die ältesten Texte der indischen spirituellen Literatur. Die Veden sind zugleich heilige Schwingungen, die den Sehern, den Rishis, vor Tausenden von Jahren geoffenbart wurden.

Win-win-Lösungen
Gewinner-Gewinner-Lösungen, im Gegensatz zu Win-lose-Lösungen, bei denen die einen auf Kosten der anderen gewinnen.

Anmerkungen

Einleitung

1. Ditfurth 1984
2. Kaltenborn 2001
3. Colgrave 1992
4. Mettler-v.Meibom 2001, vgl. auch www.wolfgang-st-keuter.de
5. Boyesen 1987
6. Leutz 1986
7. Assagioli 1994, Ferrucci 2002, www.bausteine-des-lebens.de, www.circadian.de
8. www.jahrbuch-oekologie.de
9. Owen 1992
10. Dr. Jayanath Abeywickrama ist Leiter von Rankema, einem Ayurveda-Institut auf Sri Lanka, siehe www.macromedia-projekte.de/osnabrueck/oe_os/ran_kema/

Wertschätzung begründen:
Warum ist Wertschätzung heute wichtig?

1. Tolle 2003, S. 67 (eigene Übersetzung)
2. Braun 1993
3. Mettler-v.Meibom 1997 a,b
4. Covey 2001
5. Meyer-Abich 1997
6. Illich 1975
7. Kapp 1963
8. Sebastian 2000
9. Senge 1990
10. Senge et.al. 2004
11. Senge 1997, S. 174

12 vgl. Kellner 2005
13 Kaplan/Norton 1997
14 Das Modell lässt sich auch für den Bereich der Persönlichkeitsentwicklung einsetzen.
15 Bonsen 2001, Bunker 1997, Burow 2000, Königswieser 2002, Owen 1992, Devane/Holmann 1999
16 Buber 1962, Bohm 1996
17 vgl. Mettler-v.Meibom 2000
18 vgl. Peter Senge et.al. 2004
19 vgl. Terzani 1998
20 Fromm 1983
21 Terzani 1998
22 Warnke 2001
23 Roy 2001
24 Pogacnik im Gespräch
25 Dürr 2002
26 vgl. Mettler-v.Meibom 2002

Wertschätzung erfahren und lernen:
Wie Wertschätzung entsteht

1 Maslow 1968, S. 163
2 Ferrucci 2002 (1981)
3 Maharshi 1998
4 Jung 1988
5 Dürckheim 1988
6 Maslow 1994, S. 163
7 Maslow 1994
8 Nidiaye 2004, S. 161
9 Dürckheim 1988, S. 156ff.
10 Ditfurth 1984
11 Assagioli 1994
12 Die Bahai lehren die Einheit der Religionen und Wege zu Gott.
13 Assagioli 1993, S. 120
14 Maslow 1996
15 Dürckheim 1988
16 vgl. Sathya Sai Baba 1996
17 »Business for Life« war der Titel einer Konferenz in der Findhorn Community 1997, vgl. Mettler-v.Meibom 2000, S. 182
18 Tolle 2003, S. 52-53 (eigene Übersetzung)

Anmerkungen

19 Mettler-v.Meibom 2000
20 vgl. Ansprache am 25.10.2004 in der dt. Übersetzung von Suzanne Boehnke (masch. Vervielfältigung)
21 a.a.O.
22 Warnke 2001
23 vgl. die beiden nachfolgenden Kapitel
24 Tolle 2003, S. 75 (eigene Übersetzung)
25 Mediaperspektiven Basisdaten 2004, S. 65, Angabe basiert auf Untersuchung von 2000
26 Mettler-v.Meibom/Donath 1998, Mettler-v.Meibom 1994
27 Kückelhaus 1997, Lippe 2000

Wertschätzung ausdrücken:
Wie Wertschätzung lebendig wird

1 Mettler-v.Meibom 1994
2 Rossi 1993
3 Mettler-v.Meibom 1994
4 vgl. Coelho 1988, S. 39f
5 vgl. Assagiolis Ei-Modell im Kapitel »Wertschätzung – Ein Grundbedürfnis des Menschen«.
6 Ferrucci 1981
7 Assagioli 1982/1994
8 Covey 1994
9 Covey 2001, S. 43
10 Covey 2001, S. 32
11 Satvic 2004, S. 7, eigene Übersetzung ins Deutsche
12 vgl. www.willigis-jaeger.de u.a.
13 Caddy: *Herzenstüren öffnen* (1986)
14 Borysenko: *Ein Wunder täglich* (1996)
15 vgl. dazu z.B. die Bücher von Donald Walsch
16 Covey 1994, S. 32
17 In meinem Buch *Die kommunikative Kraft der Liebe* (2000) habe ich ausführlich zwischen Communio und Communicatio unterschieden. In dem Communio-Aspekt von Kommunikation teilt sich die Haltung mit, in dem Communicatio-Aspekt von Kommunikation teilt sich die Sache mit. Beide gehen immer zusammen. Die Qualität der Kommunikation entscheidet sich jedoch auf der Communio-Ebene.

Anmerkungen

18 Ruiz 2001
19 Ruiz 2001
20 Die Bibel, 2. Mose 20:16
21 *The Thin Book of Appreciative Inquiry* von Sue Hammond.
22 vgl. unter anderem die Serie in der Süddeutschen mit dem Titel »Vorsprung Deutschland. Die Stärken der Republik und ihrer Menschen« (z.B. Folge 4 vom 17. Nov. 2004, in Süddeutsche Zeitung, S. 10)
23 Die Bibel, Johannes 1:1
24 vgl. dazu die zehn Kernfähigkeiten für den offenen Dialog nach Hartkemeyer 2005, S. 50f.
25 Schmidbauer 1998
26 Hartkemeyer 2005, S. 44f.
27 vgl. Rosenberg 2001, S. 179f.
28 vgl. Mettler-v. Meibom 2000, S. 91f.
29 Meyer-Abich 1997
30 Die Bibel, 1. Korinther 3,16
31 Satvic 2004
32 Temelie: Ernährung nach den 5 Elementen [o. J.]
33 z.B. Bruker 1995
34 Satvic 2004, vgl. Mettler-v.Meibom 1997b
35 Schmidt-Bleek 2004
36 Kindhäuser 1999
37 vgl. *Insight Guides Sri Lanka* 2004, S. 27
38 Mettler-v.Meibom/Bauhardt 1993
39 Mettler-v.Meibom 2004
40 Fromm 1983
41 Kingston 2000

Wertschätzung fördern:
Verfahren, Techniken, Rituale

1 s. S. 132
2 Bonsen/Maleh 2001, S. 29
3 s. S. 74ff.
4 Katie 2000, Boerner 1999
5 s. S. 141
6 z.B. Rubin 2000
7 Senge 1996, S. 213

229

Anmerkungen

8 Die »Linke-Spalte«-Übung wurde ursprünglich von Chris Argyris an der Harvard-Universität entwickelt. Ein Beispiel: Rechte Spalte »Herr Müller wird die Präsentation beim Kunden machen.« Linke Spalte: »Frauen kommen hierbei nicht gut an.«
9 Devane/Holmann 1999, Owen 1992, Königswieser 2002, Burow 2000, Bonsen/Maleh 2001, Maleh 2000
10 vgl. Bohm 1996 und Buber 1962
11 Hartkemeyer 2005, S. 50f.
12 Janoff/Weisbord 1995
13 vgl. www.communio-essen.de/projekte
14 Diese führten ihre Verfahren anlässlich eines Konflikttrainings in Findhorn/Schottland vor.
15 Cooperrider/Whitney 1999
16 Owen 1992
17 vgl. die entsprechende Filmdokumentation unter www.all-in-one-spirit.de/publikationen/videos.htm
18 Zadow 1997, www.perspektivenwerkstatt-essen.de, Wates 2000
19 Stadt Essen 2000
20 Nowotny 1993
21 Rossi 1993
22 Dürckheim 1980
23 Bach 2001
24 Buber 1962
25 Berendt 1985
26 Mettler-v.Meibom 2000
27 vgl. Sills-Fuchs 1992

Ausblick:
Mut und Selbstvertrauen

1 Sophie Scholl – Die Letzten Tage, 2005

Literatur

Ankener, Annette: *Dialog als schöpferischer Prozess.* Münster: Lit 2004
Assagioli, Roberto: *Die Schulung des Willens. Methoden der Psychotherapie und der Selbsttherapie.* Paderborn: Junfermann 1994 (Originalausgabe 1982)
Assagioli, Roberto: *Psychosynthese. Handbuch der Methoden und Techniken.* Reinbek bei Hamburg: Rowohlt 1993 (Originalausgabe 1965)
Bach, David: *Gib, was du nicht bekommen hast.* Berlin: Simon + Leutner 2001
Bauriedl, Thea: *Die Wiederkehr des Verdrängten. Psychoanalyse, Politik und der einzelne.* München: Piper 1986
Berendt, Joachim Ernst: *Nada Brahma – Die Welt ist Klang.* Reinbek bei Hamburg: Rowohlt 1985
Boerner, Moritz: *Byron Katies »The Work«. Der einfache Weg zum befreiten Leben.* München: Goldmann 1999
Bohm, David: *Der Dialog. Das offene Gespräch am Ende der Diskussionen.* Stuttgart: Klett-Cotta 2000 (Originalausgabe 1996)
Bonsen, Matthias zur; Maleh, Carole: *Appreciative Inquiry (AI): Der Weg zu Spitzenleistungen.* Basel: Beltz 2001
Borysenko, Joan: *Ein Wunder täglich. Gebete, Meditationen und Affirmationen für das ganze Jahr.* Freiburg: Bauer Verlag 1996
Boyesen, Gerda/Boyesen Mona L.: *Biodynamik des Lebens. Die Gerda-Boyesen-Methode.* Essen: Synthesis 1987
Braun, Ingo: *Technik-Spiralen. Vergleichende Studien zur Technik im Alltag.* Berlin: Sigma 1993
Brode, Kristina: *Systemische Krebsnachsorge.* Wermelskirchen: WFT 1993
Bruker, Max Otto: *Allergien müssen nicht sein.* Lahnstein: emu 1995
Buber, Martin: *Das dialogische Prinzip.* Gütersloh: Gütersloher Verlagshaus 2002 (Originalausgabe 1962)
Buddha, Gautama: *Worte lebendiger Stille.* Freiburg: Herder 1994
Bunker, Barbara Benedict/Albani, Billie T.: *Large Group Interventions:*

engaging the whole system for rapid change. San Francisco: Jossey-Bass 1997
Burow, Olaf-Axel: *Ich bin gut – wir sind besser. Erfolgsmodelle kreativer Gruppen.* Stuttgart: Klett-Cotta 2000
Caddy, Eileen: *Opening Doors Within.* Scotland: Findhorn Press 1986
Chibber, M.L.: *Sai Babas Mahavakya über Führung. Erziehung in menschlichen Werten.* Dietzenbach: Satya-Sai-Vereinigung 1996
Chopra, Deepak: *Ayurveda. Gesundsein aus eigener Kraft.* München: BLV 1987 (Originalausgabe 1978)
Coelho, Paulo: *Der Alchimist.* Zürich: Diogenes 1996 (Originalausgabe 1988)
Colegrave, Sukie: *Yin und Yang. Die Kräfte des Weiblichen und des Männlichen. Eine inspirierende Synthese von westlicher Psychologie und östlicher Weisheit.* Frankfurt/Main: Fischer Taschenbuch Verlag 1992
Cooperrider, David L./Whitney, Diana: *Collaborating for Change, Appreciative Inquiry.* San Francisco: Berrett-Koehler 1999
Covey, Stephen R. u.a.: *Der Weg zum Wesentlichen. Zeitmanagement der vierten Generation.* Frankfurt/New York: Campus 2001 (Originalausgabe 1994)
Deissler, Klaus/Gergen, Kenneth: *Die wertschätzende Organisation.* Bielefeld: Transcript 2004
Devane, Tom/Holman, Peggy: *The Change Handbook. Group Methods for Shaping the Future.* San Francisco: Berrett-Koehler 1999
Ditfurth, Hoimar v.: *Wir sind nicht nur von dieser Welt. Naturwissenschaft, Religion und die Zukunft des Menschen.* München: dtv 1984
Dürckheim, Karlfried Graf: *Durchbruch zum Wesen.* Bern: Hans Huber 1988
Dürckheim, Karlfried Graf: *Der Alltag als Übung.* Bern: Hans Huber 1980
Egner, Helga (Hrsg.): *Neue Lust auf Werte. Herausforderung durch Globalisierung.* Düsseldorf/Zürich: Walter 2001
Egner, Helga (Hrsg.): *Das Schöpferische. Von der Überwindung der Resignation.* Düsseldorf/Zürich: Walter 2002
Exner, Alexander/Königswieser, Roswita: *Systemische Interventionen. Architekturen und Designs für Berater und Veränderungsmanager.* Stuttgart: Klett-Cotta 2002
Ferrucci, Piero: *Nur die Freundlichen überleben.* Berlin: Ullstein, 2005 (Originalausgabe 2004)
Ferrucci, Piero: *Unermesslicher Reichtum. Wege zum spirituellen Erwachen.* Reinbek bei Hamburg: Rowohlt 1994 (Originalausgabe 1989)

Ferrucci, Piero: *Werde was du bist. Selbstverwirklichung durch Psychosynthese.* Reinbek bei Hamburg: Rowohlt 2002 (Originalausgabe 1981)
Fisher, Roger/Patton, Bruce/Ury, William: *Das Harvard-Konzept. Sachgerecht verhandeln – erfolgreich verhandeln.* Frankfurt/New York: Campus 1999 (Originalausgabe 1981)
Föllmi, Danielle/Föllmi, Oliver: *Die Weisheit Indiens – Tag für Tag.* München: Knesebeck 2004
Fromm, Barbara/Fromm, Michael: *Führen aus der Mitte.* Bielefeld: Kamphausen 2004
Fromm, Erich: *Haben oder Sein. Die seelischen Grundlagen einer neuen Gesellschaft.* München: dtv 1983
Fromm, Erich: *Die Kunst des Liebens.* Frankfurt/Main: Ullstein 1981
Fromm, Erich: *Über die Liebe zum Leben.* Rundfunksendungen München: dtv 1986
Furman, Ben/Ahola, Tapani: *Twin Star – Lösungen vom anderen Stern. Zufriedenheit am Arbeitsplatz als Zwilling des Erfolgs.* Heidelberg: Carl-Auer-Systeme Verlag 2004
Galuska, Joachim: *Pioniere für einen neuen Geist in Beruf und Business.* Bielefeld: Kampfhausen 2004
Gamper, Karl: *So schön kann Wirtschaft sein.* Kramsach/Österreich: edition Gamper 2005
Gandhi. A Life revisited. New Delhi: Interprint 1994
Geisbauer, Wilhelm (Hrsg.): *Reteaming. Methodenhandbuch zur lösungsorientierten Beratung.* Heidelberg: Carl Auer 2004
Gibran, Khalil: *Der Prophet.* Düsseldorf/Zürich: Walter 2001 (Originalausgabe 1972)
Hartkemeyer, Martina/Hartkemeyer, Johannes: *Die Kunst des Dialogs. Kreative Kommunikation entdecken.* Klett-Cotta 2005
Hawley, Jack: *Reawakening the Spirit in Work: The Power of Dharmic Management.* San Francisco: Berrett-Koehler 1993
Hinze, Dieter F.: *Führungsprinzip Achtsamkeit. Der behutsame Weg zum Erfolg.* Heidelberg: Sauer-Verlag 2001
Illich, Ivan: *Tools for Conviviality.* London: Fontana 1975
Ingensiep, Hans-Werner: *Geschichte der Pflanzenseele.* Stuttgart: Kröner, 2001
Insight Guides: *Sri Lanka.* London: APA Publications (1992) updated and reprinted 2004
Jäger, Willigis: *Suche nach dem Sinn des Lebens. Bewusstseinswandel auf dem Weg nach innen.* Petersberg: Via Nova 1999
Jäger, Willigis: *Wiederkehr der Mystik.* Freiburg: Herder 2004

Janoff, Sandra/Weisbord, Marvin R.: *Future Search. An Action Guide to Finding Common Ground in Organizations & Communities.* Berrett-Koehler 1995

Jung, Carl Gustav u.a.: *Der Mensch und seine Symbole.* Zürich/Düsseldorf: Walter 1988

Jungk, Robert/Müllert, Norbert R.: *Zukunftswerkstätten. Mit Phantasie gegen Routine und Resignation.* München: Wilhelm Heyne Verlag 1995

Kaiser, Alexander: *Berufungscoaching als Methode einer zeitgemäßen Berufungspastoral. Theologische, spirituelle und psychologische Grundlagen.* Unveröfftl. Manuskript

Kaltenborn, Olaf: *Das künstliche Leben. Die Grundlagen der Dritten Kultur.* München: Fink 2001

Kaplan, Robert S./Norton, David P.: *Balanced Scorecard.* Stuttgart: Schaeffer-Poeschel 1997 (Originalausgabe 1996)

Kapp, K. William: *Soziale Kosten der Marktwirtschaft.* Frankfurt/Main: Fischer 1982

Katie, Byron: *Jeder Krieg gehört aufs Papier. Das Handbuch zu The Work of Byron Katie.* Version 4. California: Byron Katie, Inc. 2000

Keil, Marion/Königswieser, Roswita (Hrsg.): *Das Feuer großer Gruppen. Konzepte, Designs, Praxisbeispiele für Großveranstaltungen.* Stuttgart: Klett-Cotta 2000

Kellner, Herbert: *Training Performance.* Vortrag auf dem 9. IIR-Kongress für Personalentwicklung, Weiterbildung, HR-Management (MUWIT 2005), Berlin, 20. April 2005

Kindhäuser, Anna: *Gratisbus statt Straßenbau: Das Beispiel Hasselt.* In: *Jahrbuch Ökologie 2000* (Hrsg. Günter Altner et al.). München: Beck 1999, S. 61-67

Kingston, Karen: *Feng Shui gegen das Gerümpel des Alltags.* Reinbek bei Hamburg: Rowohlt 2000

Knoblauch, Joerg W.: *Dem Leben Richtung geben.* Frankfurt/Main: Campus 2003

Krystal, Phyllis: Die inneren Fesseln sprengen. Befreiung von falschen Sicherheiten. München: Ryvellus 1995 (Originalausgabe 1986)

Krystal, Phyllis: *Frei von Angst und Ablehnung. Lösung aus kollektiven Bindungen.* Freiburg: Walter 2001 (Originalausgabe 1990)

Kückelhaus, Hugo: *Entfaltung der Sinne. Ein Erfahrungsfeld zur Bewegung und Besinnung.* Frankfurt/Main: Fischer 1997

Kugler, Sascha: *Das Alchimedus-Prinzip.* Zürich: Orell Füssli 2005

Leutz, Grete: *Psychodrama. Theorie und Praxis.* Heidelberg: Springer 1986

Lippe, Rudolf zur: *Sinnenbewusstsein.* Hohengehren: Schneider Verlag 2000
Littig, Beate (Hrsg.): *Religion und Nachhaltigkeit. Multidisziplinäre Zugänge und Sichtweisen.* Münster: Lit 2004
Maharshi, Ramana: *Gespräche des Weisen vom Berge Arunachala.* Ansata Gesamtausgabe. Interlaken: Ansata-Verlag 1984 (Originalausgabe 1955)
Maharshi, Ramana: *Sei, was du bist!* München: Barth 1998 (engl.1983)
Maleh, Carole: *Open Space: Effektiv arbeiten mit großen Gruppen.* Basel: Beltz 2000
Maslow, Abraham H.: *Motivation und Persönlichkeit.* Reinbek bei Hamburg: Rowohlt 1996 (Originalausgabe 1954)
Maslow, Abraham A.: *Psychologie des Seins.* Frankfurt/Main: Fischer 1994 (Originalausgabe 1968)
Mediaperspektiven Basisdaten. Daten zur Mediensituation in Deutschland 2004. Frankfurt/Main: ARD 2004
Mettler-v.Meibom, Barbara: *Ich gehör hier hin. Spielarten der Identifikation mit dem Ruhrgebiet.* Münster: Lit 2004
Mettler-v.Meibom, Barbara: *Wider die Resignation in Politik und Wirtschaft oder: Die Kraft des Dialogs.* In: Egner, Helga (Hrsg.): *Das Schöpferische. Von der Überwindung der Resignation.* Düsseldorf/Zürich: Walter 2002
Mettler-v.Meibom, Barbara: *Schauspiel als Weg.* Petersberg: Via Nova 2001
Mettler-v.Meibom, Barbara/Steger, Ulrich (Hrsg.): *Elitenkooperation in der Region.* Essen: Klartext 2001
Mettler-v.Meibom, Barbara: *Die kommunikative Kraft der Liebe.* Petersberg: Via Nova 2000
Mettler-v.Meibom, Barbara (zus. mit Matthias Donath): *Kommunikationsökologie. Systematische und historische Grundlagen.* Münster: Lit Verlag 1998
Mettler-v.Meibom, Barbara: *Spiel – Unterhaltung – Sucht. Die Frage nach den Grenzüberschreitungen.* In: *Aus Politik und Zeitgeschichte* B 19-20/1997 a, S. 34-46
Mettler-v.Meibom, Barbara: *Der Weg durch die Überfülle: außen- oder innengeleitet? Überlegungen zu einem heilsameren Umgang mit Informationen und Nahrung.* In: *aid Special.* Hrsg. vom Auswertungs- und Informationsdienst für Ernährung, Landwirtschaft und Forsten (aid) e. V. 3412/1997 b S. 25-29
Mettler-v.Meibom, Barbara: *Einsamkeit in der Mediengesellschaft.* Münster: Lit 1996

Mettler-v.Meibom, Barbara: *Kommunikation in der Mediengesellschaft: Tendenzen – Gefährdungen – Orientierungen.* Berlin: edition sigma 1994. Darin auch Nachdruck von *Soziale Kosten in der Informationsgesellschaft. Überlegungen zu einer Kommunikationsökologie. Ein Exkurs.* Frankfurt/Main: Fischer 1987

Mettler-v.Meibom, Barbara/Bauhardt, Christine (Hrsg.): *Nahe Ferne – fremde Nähe. Infrastrukturen und Alltag.* Berlin: edition sigma 1993

Meyer-Abich, Klaus: *Praktische Naturphilosophie.* München: Beck 1997

Miller, Alice: *Am Anfang war Erziehung.* Frankfurt/Main: Suhrkamp 1983

Mittwede, Martin: *Spirituelles Wörterbuch Sanskrit – Deutsch.* Bonn: Sathya-Sai-Vereinigung 1992

Müri, Peter: *Dreidimensional führen mit Verstand, Gefühl und Intuition. Handbuch des Modernen Managements.* Band 1: Grundlagen. 1. Auflage. Thun/Schweiz: Ott Verlag 1990

Neumann, Erich: *Tiefenpsychologie und neue Ethik.* Frankfurt/Main: Fischer 1987

Nichols, Michael P.: *Die wiederentdeckte Kunst des Zuhörens.* Stuttgart: Klett-Cotta 2000

Nidiaye, Safi: *Die Stimme des Herzens. Der Weg zum größten aller Geheimnisse.* Bergisch Gladbach: Lübbe 2004

Nowak, André: *Wertschätzende Kommunikation in Change Management Prozessen.* Magisterarbeit, Universität Essen 2004

Nowotny, Helga: *Eigenzeit. Entstehung und Strukturierung eines Zeitgefühls.* Frankfurt/Main: Suhrkamp 1993

Oppelt, Siglinda: *Management für die Zukunft. Spirit in Business: Anders denken und führen.* München: Kösel 2004

Owen, Harrison: *Open Space Technology. A User's Guide.* Maryland: Abbott 1992

Owen, Harrison: *The Practice of Peace.* Open Space Institute 2003

Riedel, Ingrid: *Die Welt von innen sehen.* Düsseldorf: Patmos 2005

Riemann, Fritz: *Grundformen der Angst. Eine tiefenpsychologische Studie.* München: Reinhardt Verlag 1989

Richter, Horst E.: *Der Gotteskomplex. Die Geburt und die Krise des Glaubens an die Allmacht des Menschen.* Reinbek: Rowohlt 1979

Rosenberg, Marshall B.: *Gewaltfreie Kommunikation. Aufrichtig und einfühlsam miteinander sprechen. Neue Wege in der Mediation und im Umgang mit Konflikten.* Paderborn: Junfermann 2001

Rossi, Ernest L.: *20 Minuten Pause. Wie Sie seelischen und körperlichen Zusammenbruch verhindern können.* Paderborn: Junfermann 1993

Roy, Arundati: *Wut ist der Schlüssel. Ein Kontinent brennt – Warum der Terrorismus nur ein Symptom ist.* In: FAZ v. 28. Sept. 2001, S. 48f
Rubin, Harriet: *Machiavelli für Frauen. Strategie und Taktik im Kampf der Geschlechter.* 5. Auflage. Frankfurt/Main: Fischer 2000
Ruiz, Miguel: *Die vier Versprechen. Das Weisheitsbuch der Tolteken.* München: Ariston 2001
Saint-Exupéry, Antoine de: *Der kleine Prinz.* Düsseldorf: Rauch 2000
Sathya Sai Baba: *Entdecke die Quelle der Glückseligkeit: Aussagen von Sathya Sai Baba zur Einführung in seine Lehre und deren Vertiefung.* Dietzenbach: Sathya-Sai-Vereinigung 1996
Satir, Virginia: *Kommunikation, Selbstwert, Kongruenz. Konzepte und Perspektiven familientherapeutischer Praxis.* Paderborn: Junfermann 1990
Satvic, Gerard T.: *Satvic Food and Health for parents, children and teachers in Sathya Sai Baba's own Words.* 12th reprint. Puttaparthi (India): Sai Towers Publishing 2004 (1st ed. 1995)
Schmidbauer, Wolfgang: *Die Angst vor Nähe.* Reinbek: Rowohlt 1998
Schmidt-Bleek, Friedrich (Hrsg.): *Der ökologische Rucksack. Wirtschaft für eine Zukunft mit Zukunft.* Stuttgart: Hirzel 2004
Schulz von Thun, Friedemann: *Miteinander Reden. Band 1: Störungen und Klärungen.* Reinbek: Rowohlt 1990
Schulz von Thun, Friedemann: *Miteinander Reden. Band 2: Stile, Werte und Persönlichkeitsentwicklung.* Reinbek: Rowohlt 1989
Schulz von Thun, Friedemann: *Miteinander Reden. Band 3: Das »Innere Team« und situationsgerechte Kommunikation.* Reinbeck: Rowohlt 1998
Schulz von Thun, Friedemann: *Miteinander Reden. Band 4: Fragen und Antworten.* Reinbek: Rowohlt 2006
Sebastian, Ulla: *Geld oder die Kunst, aus dem Vollen zu schöpfen.* Düsseldorf/Zürich: Walter 2001
Sebastian, Ulla: *Prinzip Lebensfreude. Eine Anleitung zur Entwicklung eines positiven Selbst.* Düsseldorf/Zürich: Walter 2000
Senge, Peter: *Die fünfte Disziplin. Kunst und Praxis der lernenden Organisation.* Stuttgart: Klett-Cotta 1997 (Originalausgabe 1990)
Senge, Peter et al.: *Presence: Human Purpose and the Field of the Future.* Boston: SoL 2004
Sills-Fuchs, Martha: *Wiederkehr der Kelten.* München: Droemer-Knaur 1992
Sprenger, Reinhard K.: *Vertrauen führt. Worauf es im Unternehmen wirklich ankommt.* Frankfurt/Main: Campus 2005

Stadt Essen (Hrsg.): *Wie geht es weiter am Berliner Platz?* Ergebnisse der Perspektivenwerkstatt April 1999

Stadt Essen (Hrsg.): *Wie geht es weiter am Burgplatz?* Ergebnisse der Perspektivenwerkstatt April 2000

Temelie, Barbara: *Ernährung nach den Fünf Elementen.* Sulzberg: Joy Verlag [o.J.]

Terzani, Tiziano: *A Fortune Teller Told Me. Earthbound Travels in the Far East.* London: Flamingo 1998 (1. Aufl. engl. 1997)

Thich Nhat Hanh: *Ich pflanze ein Lächeln. Der Weg der Achtsamkeit.* München: Goldmann 1991

Tolle, Eckhart: *Jetzt! Die Kraft der Gegenwart. Ein Leitfaden zum spirituellen Erwachen.* Bielefeld: Kamphausen 2000 (Originalausgabe 1997)

Tolle, Eckhart: *Stillness Speaks.* Mumbai: Yogi Impressions 2003 (amerik. 2003)

Verma, Vinod: *Das ganzheitliche Gesundheitssystem Ayurveda – Der Weg des gesunden Lebens.* Bern: Scherz 1992

Vivekananda: *Vedanta. Der Ozean der Weisheit.* München: Barth, 4.Auflg. 1993 (amerik. Originalausgabe 1986)

Walsch, Neale Donald: *Gespräche mit Gott.* Band 3: *Kosmische Weisheit.* München: Goldmann 1999 (Originalausgabe 1998)

Warnke, Ulrich: *Diesseits und Jenseits der Raum-Zeit-Netzwerke. Ein neuer Weg in der Medizin.* Saarbrücken: Popular Academics 2001

Wates, Nick: *The Community Planning Handbook.* London: Earthscan 2000

Weber, Gunthard (Hrsg.): *Praxis der Organisationsaufstellungen. Grundlagen, Prinzipien und Praxis der Organisationsaufstellungen.* Heidelberg: Carl Auer 2000

Whitmore, Diana: *Psychosynthesis Counselling in Action.* London: Sage 1994

Wilber, Ken: *Wege zum Selbst. Östliche und westliche Ansätze zu persönlichem Wachstum.* München: Goldmann 1991 (Originalausgabe 1979)

Zadow, Andreas v.: *Perspektivenwerkstatt.* Berlin: MATCH 1997

Zug der Zeit – Zeit der Züge. Deutsche Eisenbahn 1835-1985, Bd. 1 u. 2. Das offizielle Werk zur gleichnamigen Ausstellung unter der Schirmherrschaft von Richard v. Weizsäcker. Berlin: Siedler 1985

Information und Kontakt

Nähere Informationen über die Arbeit von Prof. Dr. Barbara Mettler-v.Meibom (Vorträge, Seminare, Workshops, Organisationsentwicklung und Coaching) finden Sie unter:

www.communio-essen.de

Kontakt:
Comm**unio** – Kommunikations- und Kooperationsberatung
Prof. Dr. Barbara Mettler-v.Meibom
Grafenstr. 50
45239 Essen
    info@communio-essen.de